COLECCIÓN POPULAR

615

Las construcciones francesas del pasado

Traducción de
VÍCTOR GOLDSTEIN

Serie Breves
dirigida por
ENRIQUE TANDETER

Jacques Revel

Las construcciones francesas del pasado

La escuela francesa y la historiografía del pasado

FONDO DE CULTURA ECONÓMICA

México - Argentina - Brasil - Chile - Colombia - España
Estados Unidos de América - Guatemala - Perú - Venezuela

Primera edición en español, 2002

Histories: French Constructions of the Past
© 1996, The New Press

© 2001, Fondo de Cultura Económica S. A.
El Salvador 5665; 1414 Buenos Aires
fondo@fce.com.ar / www.fce.com.ar
Av. Picacho Ajusco 227; Delegación Tlalpan,
14.200 México D. F.

ISBN: 950-557-510-6

Impreso en Argentina - *Printed in Argentina*
Hecho el depósito que previene la ley 11.723

Prefacio a la edición
en español

Este librito no fue pensado, originalmente, como
una obra autónoma. En cuanto a lo esencial, retoma
la larga introducción que redacté para el volumen
que publiqué en 1996 con una historiadora americana, Lynn Hunt, bajo el título *Histories: French
Constructions of the Past*.[1] Primero de una serie de
cuatro tomos dedicados a las evoluciones del pensamiento en Francia desde fines de la Segunda Guerra Mundial, presentaba las tendencias de la historia y de la historiografía francesa. Se trataba de un
pedido del editor –él mismo franco-americano–,
preocupado por permitir que un público tradicionalmente aficionado a las novedades intelectuales
parisinas las ubicara en sus contextos, en los debates que las habían originado o que habían gene-
rado y, ante todo, por suministrar los textos en
que se expresaban. Por el hecho de haber enseñado
con frecuencia en los Estados Unidos desde hacía
un cuarto de siglo, yo había podido medir hasta qué
punto las transferencias culturales son difíciles y a

[1]   J. Revel y L. Hunt (comps.), *Histories: French Constructions of the Past*, vol. I de la serie "Postwar French Thought",
editada por R. Nadaff, Nueva York, The New Press, 1996, XX,
654 pp.

menudo riesgosas: por supuesto, lo son cuando la tonalidad dominante es la reticencia, hasta la hostilidad, pero, en cierto modo, no lo son menos cuando la recepción es favorable y declarada la empatía. Entonces, la situación se presta de buena gana a los malentendidos y contrasentidos. Puede ocurrir que de estas dificultades de comunicación nazcan hallazgos ingeniosos, en ocasiones, incluso, proposiciones nuevas. Pero, por desgracia, el caso más frecuente es el de una incomprensión duradera, tanto más desfavorable cuanto que adopta la forma de una recepción aparentemente positiva. (Es evidente que los fenómenos tan conocidos que aquí describo de manera demasiado somera no caracterizan únicamente la recepción americana de las ideas francesas, ni mucho menos: a todas luces acompañan –o corren el riesgo de hacerlo– todo movimiento de circulación cultural, sea cual fuere su dirección.) Y fue con la intención de prevenir este riesgo que, en la medida de lo posible, de acuerdo con Lynn Hunt, tomé la iniciativa de poner al comienzo de nuestro libro este largo ensayo destinado a cuestionar algunas ideas recibidas.

A nuestro juicio, la tarea era tanto más necesaria por cuanto, desde los años setenta, los Estados Unidos parecían haber descubierto la historiografía francesa y, singularmente, la de los *Annales*. Sin embargo, no eran los primeros en hacerlo. La Europa mediterránea –el mundo de Fernand Braudel– y la América Latina desde hacía largo tiempo los habían precedido en esta senda, mientras que los historiadores anglosajones más bien habían marcado cierta reserva, como mínimo, ante las proposiciones francesas. Luego todo cambió brutalmente, por razones que quedan por estudiar de forma seria. La traducción, largo tiempo demorada, de la obra maestra de Braudel, *El Mediterráneo y el mundo mediterráneo en la época de Felipe II*, en 1972, puede servir aquí de punto de referencia. Este grueso libro erudito y difícil suscitó un amplísimo interés, más allá incluso del círculo de los historiadores profesionales. Iba a ser seguido de una ola masiva de traducciones de historiadores franceses de primer orden (Le Goff, Duby, Le Roy Ladurie, Furet, Agulhon, para destacar algunos nombres famosos), pero también de investigadores no tan conocidos, a través de la publicación de antologías de ensayos franceses surgidos, en particular, de los *Annales*. Al mismo tiempo que las ideas, se engranaba una circulación de los hombres, en ocasiones de los hombres con sus ideas. Los historiadores franceses de mi generación se beneficiaron con ese movimiento impetuoso, activado por un reconocimiento simpático, caluroso, que los puso felices. Tal vez, no siempre prestaron la debida atención en poner en guardia a sus nuevos interlocutores contra las simplificaciones abusivas y los errores de apreciación. Como es el caso más frecuente, el mensaje de partida era estilizado, en ocasiones al punto de volverse irreconocible y hasta incomprensible. La moda que se apoderó de los *Annales* en los años setenta y ochenta, y que, a partir de los Estados Unidos, se difundió ampliamente a través del mundo, dio al movimiento historiográfico francés una notable visibilidad. En ocasiones trajo aparejado verdaderos intercambios, debates fructíferos. Pero también fue –y sin duda mayoritariamente– un fenómeno de superficie, entorpecido por las certezas aproximativas y los malentendidos, sin profundización real de los programas y sus considerandos. Luego, la moda probablemente pasó, y sólo subsistieron los lazos más sólidos, por lo cual es conveniente felicitarse.

Ante todo, este texto fue pensado y escrito para responder a ese déficit de comunicación. Durante mucho tiempo, la reflexión historiográfica fue un pariente pobre en la producción histórica francesa, contrariamente a lo que ocurría en Alemania o Italia, por ejemplo. Se sospechaba su inutilidad y el hecho de desviar los esfuerzos de los historiadores de campo, que eran los que realmente importaban. Aquí encontramos la continuidad de una tendencia que dura desde el último tercio del siglo XIX, por lo menos: los historiadores franceses, muy marcados por el positivismo, que fue la ideología científica dominante en su país desde los años de la Tercera República, manifestaron duraderamente una reticencia fuerte tanto respecto de la filosofía de la historia como para con la epistemología de su disciplina y, más ampliamente, la historia de la historia. La historia positivista –o mejor, positiva–, que era dominante a fines del XIX y principios del XX, ilustra claramente tales prevenciones. Pero los *Annales*, que la criticaron de forma tan severa, en gran medida las compartieron. No porque sus figuras más famosas hayan sido avaras de textos de reflexión general, de proposiciones programáticas, de posiciones críticas o polémicas: pensemos en los *Combates por la historia*, de Lucien Febvre; en la *Apología para la historia*, de Marc Bloch; en los *Escritos sobre la historia*, de Fernand Braudel, en otros más. Pero en esos grandes textos, la dimensión historiográfica –o sea, la dimensión reflexiva de la disciplina sobre ella misma y sus transformaciones– es secundaria, cuando no ausente la mayor parte de las veces. Ocurre que los intereses centrales de sus autores estaban en otra parte: del lado de la reflexión y de la proposición metodológicas en particular o, incluso, en la fijación de programas de investigación razonados. Muy particularmente, éste es el caso de los *Annales*, totalmente dirigidos hacia la invención de nuevos campos y desarrollos originales. No dudo de que, de haberse desviado de interrogaciones demasiado narcisísticas sobre su propia historia, habrían encontrado una forma de eficacia suplementaria. De este modo, tal vez también perdieron la ocasión de situar mejor lo que era su originalidad. Fue necesario que en Francia comenzara a resquebrajarse el punto de apoyo de las certidumbres positivas que había sustentado el desarrollo espectacular de la historia y las ciencias sociales para que, a partir de los años setenta, surgieran interrogaciones que hasta entonces habían podido permanecer desdeñadas o ignoradas. El libro de Paul Veyne, *Cómo se escribe la historia* (1971), fue un primer ensayo –provocador, es cierto– en ese sentido: suscitó una ola de reprobación que manifestó a las claras que los tiempos distaban mucho de estar maduros. Algunos años más tarde, *La escritura de la historia* (1975), de Michel de Certeau (y en particular el gran ensayo historiográfico que abre el libro), fue un poco mejor recibido, aun cuando fue necesario esperar unos diez años para que la obra encontrara un público más amplio. En un género muy diferente, los tres volúmenes de *Tiempo y narración*, de Paul Ricœur (1983-1985), marcaron un momento crucial: no sólo por su importancia propia, sino también porque supieron –sobre todo el primer volumen– encontrar lectores historiadores que ya reconocían en la reflexión del filósofo tesis y cuestiones que en su opinión concernían a su propia práctica. Yo fui testigo y contemporáneo de ese momento de los años ochenta, que no es un fenómeno específicamente francés, pero que en Francia adquirió una dimensión particular porque rompía con algunas de nuestras más fuertes tradiciones intelectuales, con un régimen de certezas.

Mi práctica personal era entonces la de un historiador de lo social, que había comenzado a aprender su oficio en la movilidad de los *Annales*, como ocurrió con mis compañeros de estudios, luego mis colegas. A comienzos de los años setenta, yo había pasado algunos años de investigación en Italia, un país donde la historia social distaba mucho de haber conocido los desarrollos que se vieron en Francia pero donde, en cambio, la preocupación historiográfica surgida de Croce y de Gramsci era fuerte (y hasta un poco obsesiva). Con una indudable ingenuidad, descubrí autores, textos, cuestiones de las que lo ignoraba todo, como la inmensa obra de Arnaldo Momigliano, una de las que dominan la reflexión historiográfica del siglo XX. Sin embargo, mis lectores permanecían alejados de lo que era mi práctica más cotidiana de historiador. Un feliz azar y la amistad de algunos grandes historiadores –Fernand Braudel, Jacques Le Goff, Emmanuel Le Roy Ladurie, Marc Ferro, André Burguière– se unieron para que, a comienzos de 1975, me confiaran la responsabilidad de los *Annales*, que ejercí durante seis años. Fue una experiencia de una riqueza excepcional para mí, en un momento en que tantas cosas se movían. La revista –y el movimiento cuya riqueza y diversidad expresa– estaba entonces en la cima de su irradiación internacional; no dejaba de proponer e inventar en un generoso desorden, con una vitalidad estruendosa. Sus éxitos y su actividad, su activismo, contribuyeron acaso a demorar el necesario momento de autorreflexión que es requisito de toda aventura intelectual. Por cierto, esta reflexión crítica no estaba ausente de las discusiones entre los miembros del comité de redacción de la revista, pero no creíamos necesario darle una repercusión pública en los *Annales*.

Sin embargo, en los años siguientes, las cosas cambiaron. Todo ocurrió como si las disciplinas que componen las ciencias sociales, en adelante no tan seguras de sí mismas, de sus basamentos y su proyecto, se hubieran vuelto entonces hacia su historia para ubicarse y comprenderse mejor. Fue lo que ocurrió con la antropología, la sociología, la fi-

13

lología, la geografía, que, de manera más o menos convincente, intentaron retornos críticos sobre su génesis y su desarrollo. Fue también, por supuesto, lo que ocurrió con la historia. En la Escuela de Altos Estudios en Ciencias Sociales, donde empezaba entonces a enseñar, un programa de investigación movilizó a varios de nosotros en torno de la experiencia de los *Annales*, que, después de todo, habían sido la principal matriz intelectual de la institución que nos reunía. Algunos estudiantes intentaron la aventura de una tesis en este campo donde todo estaba por hacer, y rápidamente demostraron hasta qué punto la pista era prometedora, hasta qué punto también era grande nuestra ignorancia. En ocasión del cincuentenario de los *Annales*, en 1979, la revista publicó dos artículos alrededor de estas cuestiones: uno de André Burguière, consagrado a los orígenes del movimiento; otro en el que yo intentaba caracterizar los paradigmas sucesivos de los *Annales*, en una perspectiva que cuestionaba claramente la idea que se tenía entonces de una "escuela" de pensamiento continuo y homogéneo. Ambos textos, que contrastaban con el estilo intelectual de la revista, fueron recibidos de diferente manera. No llegaron a reprocharnos que tocáramos la estatua de los *Annales*, pero muchos no veían con buenos ojos el interés de un retorno semejante sobre el pasado. Sin embargo, no era ésa la opinión de F. Braudel, a quien había sometido mi texto, que se tomó el tiempo de discutir para mi mayor provecho y que me alentó a continuar, cosa que hice de buena gana.

Fácilmente se podrá percibir, al leer este ensayo, que lo que me ocupa en modo alguno es una hagiografía retrospectiva de los *Annales*, a pesar de que, en el cuadro que propongo, a todas luces ocupan el lugar central. El problema que me planteo es doble. Por un lado, comprender mejor cómo una trayectoria intelectual y erudita se inscribe en una serie de contextos que cuestionan toda una gama de recursos y coerciones de índole muy diferentes. Por el otro, reflexionar sobre lo que puede ser la identidad de un movimiento intelectual que se prolonga a lo largo de varias décadas en condiciones que se transformaron profundamente y que cambiaron varias veces, ya se trate de personas, generaciones, dispositivos institucionales, relaciones entre las disciplinas y, por supuesto, grandes inflexiones (o cristalizaciones) ideológicas; un movimiento que creció en número, que rápidamente se difundió fuera de su medio de origen y que se transformó en virtud de tales nuevas condiciones; un medio atravesado, como cualquier otro, por contradicciones, diferentes elecciones, y que sin embargo conservó una identidad reconocible. No creo en la existencia de una escuela de los *Annales*, que sin embargo se evoca con mucha frecuencia; creo con convicción, en cambio, en la existencia de un *movimiento* del que hay que comprender mejor en qué consiste su coherencia y qué es lo que también limita, en ocasiones, dicha coherencia.

La amistad de Enrique Tandeter hace que este texto hoy se convierta en una obra autónoma, lo cual me complace. A partir de 1995, todos los años tuve la suerte de poder enseñar en la Argentina, en el marco del Centro Francoargentino de Altos Estudios de la Universidad de Buenos Aires, pero también en la Universidad Nacional del Centro en Tandil, en la Universidad de Mar del Plata y en las de La Plata y Rosario. Allí desarrollé algunos de los temas de este ensayo y siempre encontré, entre mis interlocutores, estudiantes y profesores, un público interesado en discutirlos y cuya atención crítica me resultó inapreciable. A todos ellos, amistosamente, está dedicado este librito.

JACQUES REVEL
setiembre de 2002

Las construcciones francesas del pasado

*La escuela francesa y la historiografía
del pasado*

1. Este libro propone un bosquejo de lo que fueron las evoluciones de la historiografía francesa desde fines de la Segunda Guerra Mundial, de sus tendencias mayores, pero también de los debates que la animaron y en ocasiones dividieron. Resume –simplificándolos necesariamente– los análisis más desarrollados que llevé adelante sobre estas cuestiones en mis seminarios, desde hace unos quince años, y que serán retomados más ampliamente en el trabajo que estoy preparando sobre la historia del movimiento de los *Annales*. La brevedad de esta obra, por lo tanto, en ocasiones deja en el estado de alusiones algunas afirmaciones y ejemplos que requerirían una mayor consistencia. Las referencias que acompañan el texto y la bibliografía selectiva que se le agrega pretenden compensar en parte tal inconveniente. En cambio, esperamos que el perfil de la historiografía francesa aquí propuesto gane en claridad. El lector acaso sea sensible a mi elección: más que escribir una historia de las ideas sobre la historia o programas históricos, o más que no prestar atención sino a esta única historia, me esforcé por relacionarla con otras dimensiones sobre las cuales la historia intelectual a menudo es demasiado discreta, a mi parecer, la de las instituciones del saber, la de las formas organizativas del trabajo intelectual. Por consiguiente, mi elección es la de lo que podría llamarse una historia social de las ideas, aún muy imperfecta, pero

espero mostrar que puede ser esclarecedora. Intento describir y comprender una empresa colectiva, diversa, a veces contradictoria. Ella traduce las convicciones, las opciones, los hábitos, pero también las estrategias, las rivalidades y las adhesiones que forman lo habitual de toda comunidad erudita; más allá de esta comunidad, se apoya en recursos de muy diversa índole: recursos institucionales, instrumentos de difusión, expectativas de un público cuya naturaleza y dimensiones pudieron variar profundamente. Son estas dimensiones diferentes las que nos esforzamos por tener en cuenta y, en la medida de lo posible, por confrontar y articular entre sí, aunque más no sea porque permiten comprender mejor la singularidad de la experiencia francesa contemporánea.

Desde hace veinte o veinticinco años, en una gran medida, los debates de los historiadores se han vuelto internacionales, por lo menos en el mundo occidental. La circulación de las ideas, los libros y los hombres modificaron muy profundamente las condiciones y reglas del intercambio. En ese polilogos ampliado, la presencia de los franceses no fue marginal, ni mucho menos. Pero no debe ser pensada tanto como un modelo generador de influencias sino como uno de los protagonistas de un conjunto de discusiones que en adelante están abiertas en la mayoría de las grandes historiografías contemporáneas. Lo cual no significa que todas digan la misma cosa y en los mismos términos. Basta comparar lo que hoy publican algunas de las principales revistas históricas en el mundo para convencerse: permaneciendo en el campo de la historia social, y en proyectos que presentan caracteres comunes, basta consultar los *Annales* en Francia, *Past and Present* en Gran Bretaña, *Quaderni Storici* en Italia y *Comparative Studies in Society and History* o el *Journal of Interdisciplinary History* en los Estados Unidos, para palpar la medida de lo que, en un primer tiempo, podría llamarse estilos nacionales. El término es cómodo, pero no satisfactorio, salvo que aceptemos como una explicación la existencia de especificidades nacionales. Sin embargo, tales especificidades, si existen, de ningún modo pueden constituir respuestas. Por el contrario, son polémicas y requieren ser explicitadas y explicadas. Es lo que intentamos hacer aquí para el caso francés, al tiempo que, por falta de espacio, lamentamos no poder llevar lo bastante lejos el análisis en una perspectiva comparativa que, podemos estar seguros, sería de un gran provecho.

De aquí provino la determinación de restablecer el medio siglo que sirve de marco cronológico a este libro en una duración mucho mayor y que pueda permitir –por lo menos es la tesis que aquí será defendida– la comprensión de los caracteres originales de la historiografía francesa contemporánea. No para defender el hecho de que se trata de rasgos inmutables: por el contrario, nos esforzaremos por mostrar que se trata de programas que fueron constantemente reformulados, reacondicionados para inscribirse mejor en un conjunto de condiciones cambiantes. El caso es que existe una identidad historiográfica francesa que permanece muy reco-

nocible a pesar de la diversidad de las proposiciones y elecciones. Lejos de considerar que esto cae
de maduro, las páginas que siguen quieren tratar de
dar cuenta de ello, cosa que hacen, atribuyendo a
un movimiento historiográfico particular un lugar
preponderante. Si los *Annales* también están presentes en esta recopilación, no es sólo porque, tal
vez mucho más en el extranjero que en Francia, se
han vuelto una suerte de marca en el orillo de los
historiadores franceses. Y tampoco porque mi país
se beneficiaría con un monopolio que no está de-
mostrado, ni mucho menos, siquiera hoy, ni en las
instituciones ni en la producción nacionales. Tendrán a bien creer que tampoco se trata de la com-
placencia del abajo firmante, que desde hace unos
veinte años se encuentra asociado a la dirección de
la revista *Annales* (que por lo demás dista mucho
de agotar la variedad del movimiento conocido con
ese nombre). La sobrerrepresentación de que es
objeto dicho movimiento encuentra su más importante justificación en el hecho de que fue el principal motor de innovaciones desde hace dos tercios
de siglo. Ya sea que uno se reconozca en él o pre-
fiera conservar sus distancias, ya se lo admire, ya
convenza o exaspere (y estas diversas actitudes
pueden sucederse, en uno u otro orden, en las mismas personas), desde hace décadas constituye una
referencia central.[1] La historia que nos propone-

---

[1] Véase K. Pomian, "L'Heure des *Annales*", en P. Nora,
Les Lieux de mémoire, 2, *La Nation*, París, 1986, vol. 1, pp. 377-
429.

mos reconstruir aquí, pues, no es más que una de las historias posibles. Se hubiera podido concebir otra, muy diferente pero no desprovista de fundamentos, por ejemplo, privilegiando lo que cambiaba menos, lo que se repetía y que, tanto en historia como en cualquier disciplina científica, constituye probablemente la parte dominante de la actividad profesional. Pero como aquí se trataba de dar cuenta de las líneas de fuerza del debate francés, nos pareció legítimo insistir en aquello que, desde hace cincuenta años, en cuanto a lo esencial, constituyó su unidad y su dinámica.[2]

2. La cronología que hemos seleccionado para este volumen puede justificarse mediante una serie de razones sobre las que volveremos más ampliamente. El fin de la Segunda Guerra Mundial coincide con un cambio de generación; nacen nuevas instituciones y, sobre todo, formas inéditas de organización de la investigación y la enseñanza, al mismo tiempo que, en una atmósfera intelectual harto diferente, la agenda científica de los historiadores se ve reformulada en gran parte. Esa renovación del paisaje no afecta únicamente a la disciplina histórica, ni mucho menos. Tampoco es propia de Francia. Pero aquí fue particularmente marcada y fuertemente percibida; entre otras cosas, porque el largo corte de la guerra, la derrota, la ocupación,

[2] Este ensayo retoma algunos de los elementos de mi libro, *Les* Annales *en mouvement*, de próxima aparición en las Ediciones Seuil.

la experiencia mal vivida y más difícilmente integrada todavía de Vichy, el sentimiento compartido de forma muy amplia de un fracaso de la Tercera República, de alguna manera, en muchos campos tanto de la vida social y política como de las ideas y el saber, impusieron la convicción de que algo absolutamente nuevo debía comenzar con la liberación del país.[3]

Sin embargo, nada comienza en 1945. El movimiento historiográfico que marcó de manera más profunda el debate francés –también aquel con el que, en forma abusiva, a menudo se lo identifica en su totalidad– es muy anterior a la guerra. Ya en enero de 1929, Marc Bloch y Lucien Febvre pudieron plasmar el proyecto al que intentaban dar cuerpo desde hacía varios años, con la creación de los *Annales d'histoire économique et sociale.* Pero esta misma fecha, tan celebrada a menudo como una fundación (o como el momento de una "revolución historiográfica"),[4] tampoco constituye un punto de partida absoluto. Cualquiera que haya sido el efecto de novedad producido por la nueva revista en sus comienzos, su nacimiento sólo es comprensible si a su vez se lo reubica en un marco más dilatado y cronológicamente más

---

[3]   Al respecto, por otra parte, la posguerra no constituye más que un ejemplo particularmente destacado de una construcción del pasado que caracteriza la relación de los franceses con su historia desde la Revolución, y que parece intervenir de manera recurrente luego de cada crisis mayor.

 [4]   Véase, en último lugar, Peter Burke, *The French Historical Revolution. The* Annales *School, 1929-1989,* Oxford, 1990.

amplio: el de las transformaciones que afectaron al mundo académico francés, sus instituciones, las disciplinas enseñadas, los programas de investigación desde el último cuarto del siglo XIX. Remontarse tan lejos no es ceder al espejismo de los orígenes, indefinidamente desplazados, de la innovación. En cambio, esto puede permitir que se aprecien mejor su significación, su amplitud, y también sus límites, reubicándola en el contexto que la vio nacer y la hizo posible.

Pero hay algo más. En 1999, los *Annales* cumplieron setenta años: una edad que no tiene nada de excepcional para una revista erudita, pero que, gracias al éxito, produjo efectos no desdeñables de institucionalización, tal vez en el movimiento que encarnan, y con seguridad en la percepción que de ellos se tiene. El hecho se verifica en Francia, y acaso mucho más fuera de ella. Peter Burke lo evocaba hace poco con cierta ironía: *"La nouvelle histoire*, as it is sometimes called, is at least as famous, as French, and as controversial as *la nouvelle cuisine"*.[5] A decir verdad, las cosas son mucho más antiguas. Casi desde el comienzo, los *Annales* fueron escoltados por una doble leyenda. Leyenda negra que, sobre todo en los primeros años, se vinculó con una revista agresiva, irritante, que de buena gana impartía lecciones y se daba como ta-

---

[5]   P. Burke, *The French Historical Revolution*, ob. cit., p. 1. ("*La nueva historia*, como en ocasiones se la llama, es por lo menos tan famosa, tan francesa, y tan polémica como *la nueva cocina*." [N. del T.])

rea declarada zamarrear las reglas y costumbres instaladas; leyenda que se atenuó pero dista mucho de haber desaparecido, aunque reaparezca con otras formas. Leyenda dorada, por otra parte y sobre todo, llevada por el éxito intelectual e institucional: consagra al mismo tiempo el gesto de los padres fundadores y la continuidad de una tradición reivindicada. Año tras año, editoriales, aniversarios, retratos, todo un juego de referencias no dejaron de evocar la existencia de un proyecto sustentado por una comunidad científica. Nada lo expresa mejor que la presentación ofrecida por Fernand Braudel a los "nuevos *Annales*" que transmitía en 1969 a sus sucesores:

> Los *Annales* cambian de arriba abajo, una vez más. Así permanecen fieles al espíritu de Lucien Febvre y de Marc Bloch, que los fundaron hace ya cuarenta años. Su objetivo siempre fue servir a la historia y las ciencias del hombre, pero remitiéndose, en la medida de lo posible y a su cuenta y riesgo, al mismo límite de las innovaciones que se bosquejan. Otras revistas existen fuera de la nuestra, que favorecen a nuestro oficio y mantienen sólidamente las tierras ya conquistadas. En nuestra opinión, su papel es importante, decisivo, irreemplazable. Y nos permite representar otro en la coyuntura intelectual de nuestra época.[6]*

[6] F. Braudel, *Annales ESC*, 3, 1969, p. 571.
* Todas las citas incluidas han sido traducidas para la presente edición [N. del E.].

En este texto que juega hábilmente con la retórica de lo nuevo y de lo antiguo se dice lo esencial: la afirmación de una fidelidad que jamás se revela mejor que en la innovación, la voluntad de inscribir la continuidad y la coherencia del movimiento bajo el signo de una excepcionalidad proclamada.

Esta doble leyenda –a la que debe añadirse una tercera, que ronda desde hace unos veinte años y que anuncia de manera repetida el agotamiento y la muerte de los *Annales*, o bien incluso que nunca existieron– carecería de importancia si no terminara por falsear completamente la perspectiva al afirmar, ya sea para denunciarla o proclamarla, la invariabilidad de un proyecto que ya atravesó los dos tercios del siglo XX. Enunciado en tales términos, por otro lado, son más los problemas que plantea que las explicaciones que brinda. ¿Qué puede haber de común entre el pequeño grupo de profesores que, a fines de los años veinte, intentan la aventura de una revista y la poderosa red que se constituyó tras la guerra en torno de la revista y sus apoyos institucionales? ¿Qué entre dicha red, incluso profesional, y las ramificaciones difusas que, desde hace veinticinco años, han proliferado y que la mayor parte de las veces escapan a la iniciativa de la revista aunque se remitan a ella? Estas evocaciones elementales no apuntan a cuestionar la existencia y la identidad de un movimiento historiográfico que en la duración demostró su poder de convocatoria y su eficacia, sino a subrayar que dicha identidad es una pregunta, no una respuesta. La mayoría de los ensayos que fueron dedicados a los *Annales* parte de lo más accesible, es decir, del discurso que la revista no dejó de sostener sobre sí misma. De entrada admiten su continuidad y coherencia, continuidad y coherencia que dicho discurso tuvo precisamente por función garantizar. Al mismo tiempo, aceptan como adquirida la existencia de una "escuela":[7] respuesta cómoda, perezosa y que, en todo caso, requiere una demostración. Y por otra parte, aunque tal escuela existiera –no es la tesis que defenderemos aquí–, restaría explicar cómo garantizó su permanencia a todo lo largo de un período que conoció profundas perturbaciones, varias reorganizaciones sucesivas del campo científico y recortes disciplinarios en su seno, una profunda renovación de los instrumentos y las técnicas investigativas, así como modalidades de circulación e intercambio de la información erudita entre los especialistas. La cuestión se plantea con

---

[7]   La expresión "escuela de los *Annales*" es de uso corriente, y tanto más frecuente a medida que uno se aleja de la propia revista. También sirve de usos ambivalentes: puede autorizar reivindicaciones de pertenencia, denuncias en bloque, y, por supuesto, acusaciones de infidelidad. Tres ejemplos, ya antiguos: Josep Fontana, "Ascens i decadencia de l'Escuela dels *Annales*", en *Recerques*, Barcelona, 1974, pp. 283-298; Tony Judt, "A Clown in Regal Purple: Social History and the Historians", en *History Workshop*, 7, 1979, pp. 66-94; y, desde un punto de vista muy diferente, Furio Diaz, "Le stanchezze di Clio", en M. Cedronio, M. del Treppo, F. Diaz, C. Russo, *Storiografia francese di ieri e di oggi*, Nápoles, Guida, 1977. Pero encontraremos la misma orientación en el libro, esta vez muy favorable, de T. Stoianovich, *French Historical Method: The* Annales *Paradigm*, Ithaca, Cornell University Press, 1976 (con un prefacio de F. Braudel).

mayor razón por tratarse de un proyecto que quiso estar abierto a todas las solicitaciones del presente. Los movimientos historiográficos también tienen una historia.

3. A partir de los años 1870, la universidad francesa fue objeto de una reconstrucción sistemática y consciente que, de hecho, fue una refundación. Desde los años centrales del Segundo Imperio era objeto de críticas que denunciaban su carácter superficial y sus insuficiencias. La derrota de 1870, frente al nuevo Reich, produjo una crisis moral sin precedentes. A la manera de ver de los contemporáneos –pensemos en Renan–, fue recibida como el síntoma y la sanción de un relajamiento cívico, moral e intelectual. Para preparar la revancha, ineluctable, convenía entonces rearmarse: militarmente, sin duda, pero también moral y científicamente. Existía una convicción compartida de manera muy amplia de que era preciso ponerse en condiciones de superar a Alemania en los terrenos de su excelencia, la guerra, pero también en la ciencia y la formación de los ciudadanos.[8] Reconsiderar la universidad, pues, formaba parte de una tarea nacional. Un grupo de hombres decididos –entre los cuales los historiadores Renan, Taine, y sobre todo Ernest Lavisse y Gabriel Monod, representaron un papel determinante– se dedicó a redefinir las condiciones y formas de la alta enseñanza. Se estable-

<hr>

[8] Aquí remito al gran libro de C. Digeon, *La Crise allemande de la pensée française (1870-1914)*, París, PUF, 1959.

cieron cursos cuya índole disciplinaria y profesional estaría muy acentuada; se trató de implantar la fórmula alemana del seminario –lugar de formación en la investigación por la investigación– como forma privilegiada de la transmisión del saber en vez de las tradicionales conferencias públicas; por último, se dedicaron a profesionalizar las carreras al mismo tiempo que se organizaban las disciplinas, a través de sus asociaciones y con sus medios de expresión (en particular, las revistas).[9] La República necesitaba eruditos y profesores, y supo ofrecerse los medios de formarlos. El conjunto de las reformas e innovaciones, sobre todo en el cambio del siglo, fue sostenido por un fuerte crecimiento de los flujos presupuestarios así como por una multiplicación de las posiciones universitarias (que por otra parte tornaba necesario el espectacular aumento de los efectivos estudiantiles, en particular en letras y en ciencias).

En este dispositivo, la historia[10] ocupa un lugar notable, y no solamente porque los historiadores

[9]   El estudio de referencia sigue siendo aquí el de G. Weisz, *The Emergence of Modern Universities in France, 1863-1914,* Princeton, Princeton University Press, 1983. Fritz Ringer introduce una interesante dimensión comparativa en *Fields of Knowledge: French Academic Culture in Comparative Perspective, 1890-1920,* Cambridge-París, Cambridge University Press-Éditions de la Maison des Sciences del'Homme, 1992.

[10]   Véase W. Keylor, *Academy and Community. The Foundation of the French Historical Profession,* Cambridge, Mass., Harvard University Press, 1975; y también C. O. Carbonell, *Histoire et historiens, une mutation idéologique des historiens français, 1865-1885,* Tolosa, 1976.

se encuentran en la primera línea en la elaboración de la política universitaria. La disciplina desempeñó ún papel ideológico esencial durante todo el siglo XIX, cuyas diversas y contradictorias pasiones, su nostalgia, su profeticismo o su cientificismo nutrió. Pero el traumatismo de la derrota, en Francia, le confirió una valorización particular. Se convierte así en el tesoro de una nación humillada y a la que su enseñanza debe contribuir a rearmar cívicamente. Ernest Lavisse puede encarnar esa unión esencial al credo de la Tercera República: él es uno de los inspiradores de la "Nueva Sorbona", pero también el autor de una ilustre serie de manuales escolares para uso de las escuelas primarias, además el animador de la gran *Historia de Francia*, casi oficial, de la época. La historia está a cargo de la pedagogía de la nación en un tiempo en que ésta duda de sí misma y en que debe poder encontrar en su pasado razones para serenarse. También está adornada de prestigios más técnicos, pero cuyo alcance ideológico no es menor. En la atmósfera positivista de este último cuarto de siglo, ¿no propone acaso uno de los modelos teóricos y rigurosos que el país requiere? Como Alemania es, por excelencia, el país de la filología, referencia obsesiva, hay que superarla en su propio terreno. La historia quiere romper entonces tanto con la literatura como con la libertad del comentario. Quiere ser erudita; mejor aun, en el país de Descartes, pretende ser metódica. El método es la consigna de este fin del siglo XIX, y lo que codifican, para uso de los estudiantes, C.-V. Langlois y C. Segnobos en su famosa *Introduction aux études historiques* (1898) [*Introducción a los estudios históricos*]. ¿Cuál es su enseñanza? Esencialmente, la crítica de los textos, con la convicción de que esta operación necesaria es suficiente para pasar de la huella documental de los hechos a los mismos hechos, obteniendo así una imagen lo más cercana posible de aquella que habría otorgado una observación directa del pasado. El hecho, una vez separado de su ganga y purificado por la crítica, existe en cuanto tal y viene a ordenarse por sí mismo en una secuencia, que generalmente es la del relato cronológico. Está claro en qué esta práctica de la historia, con todo derecho, puede ser calificada de positivista. Lo es explícitamente, en su concepción del trabajo científico y de su objeto; e implícitamente en su rechazo de la interpretación, considerada en lo sucesivo como inútil y peligrosa.[11]

Pero al lado de la historia, durante esos años, algunas disciplinas nuevas encuentran formas de inserción y reconocimiento, desigualmente logradas, en la enseñanza universitaria. Es lo que ocurre primero con la geografía, tradicionalmente asociada en Francia con la historia, pero con un papel técnico y subalterno, y para el resto dividida entre usos técnicos sin legitimidad académica. Diversos

[11] Con diversas modalidades, este positivismo constituye un rasgo de larga duración de la historiografía francesa contemporánea, y volveremos sobre él. Interesantes reflexiones sobre este punto, que fundamentalmente opone las culturas académicas francesa y alemana, en F. Ringer, *Fields of Knowledge...*, ob. cit., cap. 5.

factores –las presiones de los medios económicos liberales, la del *lobby* colonial, pero también la pasión nacional– explican que pueda entonces ser objeto de una redefinición de conjunto (bajo la tutela de Paul Vidal de La Blache, el fundador de la escuela geográfica francesa, que codifica su proyecto, desarrollo y léxico) y que sea institucionalizada como una disciplina con todas sus ventajas y derechos en el seno de las universidades.[12] La psicología, que como referencia científica e ideológica desempeña un papel considerable en la época, conoce circunstancias no tan favorables; permanece dividida entre las facultades de Letras (donde es considerada como una dependencia de la filosofía) y las de Medicina (con la psicología clínica). También la economía queda en posición subalterna en las facultades de Derecho con las que tradicionalmente está vinculada, aunque los cursos conozcan entonces una primera forma de organización. Pero la innovación más espectacular, más resistible también, interesa a la sociología. Espectacular, porque con Emile Durkheim, un conjunto de prácticas mal estabilizadas conoce al mismo tiempo una codificación rigurosa, hasta autoritaria (*Las reglas*

---

[12] V. Berdoulay, *La formation de l'école française de géographie*, París, 1981; C. Rhein, "La géographie, discipline scolaire et/ou science sociale? (1860-1920)", en: *Revue française de sociologie*, 1982, pp. 223-251. Como ocurre con varias otras disciplinas (o subdisciplinas) nuevas durante esos años, la creación de una revista nacional sanciona la institucionalización de la geografía: se trata de los *Annales de Géographie*, fundados en 1891.

del método sociológico son publicadas en 1895), y una legitimidad intelectual fuerte. Resistible, porque la nueva disciplina no logra realmente hacerse un lugar en el sistema universitario, donde a menudo permanece camuflada tras la enseñanza de la pedagogía antes de ser vinculada con la filosofía. La difícil carrera de Durkheim, una de las glorias de la vida intelectual de la Tercera República, el maestro que reunió a su alrededor a la elite de los estudiantes, pero que sólo llega a la Sorbona en 1902, puede servir aquí de ejemplo.[13] ¿Qué salidas puede ofrecer la nueva disciplina a los que recluta? Cierto es que como centro de proposiciones científicas y como modelo de rigor, la sociología durkheimiana goza de un incomparable prestigio. También, y con títulos brillantes, puede tener la pretensión de encarnar el método.

Incluso es en este punto donde entra en conflicto con sus vecinos, con la historia en particular. La rivalidad que opone a las disciplinas "sociales" pue-

[13] En una serie de artículos importantes, V. Karady analizó notablemente esta mezcla de prestigio intelectual y semimarginalidad institucional que caracteriza los comienzos de la sociología universitaria. Véanse, en particular: "Durkheim, les sciences sociales et l'Université: biland'un semi-échec", en: *Revue française de sociologie*, 172, 1976, pp. 267-311, así como la obra colectiva dirigida por P. Besnard (comp.), *The Sociological Domain: The Durkheimians and the Founding of French Sociology*, Cambridge-París, Cambridge University Press-Éditions de la Maison des Sciences del'Homme, 1983 (en particular, las contribuciones de Karady). Una vez más, la creación de una revista, *L'Année sociologique*, viene a ilustrar la afirmación de la nueva disciplina en 1898.

de leerse en un doble nivel. En primer lugar, traduce un desacuerdo de índole epistemológica; luego, remite a una lucha por el control de la legitimidad científica en el seno de la universidad. En una serie de polémicas resonantes, uno de los más brillantes discípulos de Durkheim, François Simiand, se las toma con los procedimientos de los geógrafos, y sobre todo de los historiadores. No es una novedad: desde su creación, *L'Année sociologique*, el órgano de la escuela durkheimiana, se dio como tarea una revista crítica, sin concesiones, de las publicaciones en el campo en formación de las ciencias sociales. En cambio, lo nuevo es la aspereza de la confrontación. Simiand interviene en 1903 en el vasto debate internacional que, en el recodo del siglo, reflexiona sobre los caracteres científicos de la disciplina histórica. En un artículo ya justamente famoso, "Méthode historique et science sociale",[14] presenta una crítica sistemática y ceñida del discurso del método de los historiadores, tal como en particular acaba de ser codificado por Langlois y Seignobos. Realmente se trata de un manifiesto, y posee tanto las ventajas como los inconvenientes del género; endurece las oposiciones, simplifica las posiciones, las que escinde fuertemente, para estigmatizar mejor a sus adversarios. De tal modo, hace sobresalir mejor los desafíos del

[14] El artículo es publicado en la nueva *Revue de synthèse historique*, lanzada en 1900 por Henri Berr (VI, 1903, pp. 1-22, 129-157). Es retomado en el muy útil compendio editado por M. Cedronio, F. Simiand, *Méthode historique et sciences sociales*, París, Archives Contemporaines, 1987.

debate. Simiand escribe precisamente contra la concepción de la historia a la que él llama "historizante", la que nos hemos acostumbrado a calificar de "positivista", y que pretende fundar un conocimiento seguro del pasado únicamente sobre la crítica filológica. Para el sociólogo, sin embargo, esas técnicas eruditas no definen para nada una ciencia positiva sino, a lo sumo, un "modo de conocimiento"; y el empirismo reivindicado por los historiadores, de hecho, descansa en una serie de elecciones no explicitadas. Si la historia quiere ser una ciencia con todas sus ventajas y derechos, debe someterse a verdaderas exigencias epistemológicas, y ante todo construir hipótesis que puedan ser objeto de verificación. En esta perspectiva, el hecho singular, casi divinizado por los historiadores "positivistas", pierde toda pertinencia. Sobre todo, resulta imposible aceptar que pueda ser considerado como un dato: debe ser construido, de manera que pueda integrarse en series que permitan determinar la existencia de regularidades, para luego establecer relaciones entre éstas, vale decir, leyes. La historia en cuanto conocimiento de las cosas que sólo ocurrieron una vez no tiene ni puede tener para Simiand el estatus de una ciencia. Sólo lo adquirirá a condición de imponerse exigencias comparables a las de las otras ciencias. La dimensión temporal debe dejar de ser percibida como el lugar coercitivo de una cronología lineal para convertirse en un marco de observación en el que sea posible hacer aparecer y estudiar variaciones y recurrencias. Entonces podrá servir de lugar de experimentación para una aproximación científica de los hechos sociales que requiere la comparación en la sincronía y en la diacronía y que, a su término, desembocará en la identificación de sistemas.[15] Ya lo vemos: el positivismo de los historiadores es cuestionado en nombre de una concepción nomotética de la ciencia de los hechos sociales, pero de la cual, precisamente porque se opone a una concepción ingenua (y, a decir verdad, simplificada para las necesidades de la demostración), a menudo se ha perdido de vista que también ella proponía un positivismo. Más sutil, más elaborado, pero en el joven Simiand, a no dudarlo, positivista.

Más allá del llamado al orden de método, su artículo también propone una organización del saber. Porque ¿de dónde viene ese texto que reformula de manera tan imperiosa la agenda de los historiadores? Es la obra de un joven representante de una disciplina que a su vez es nueva, conquistadora, pero marginal en la universidad francesa, ya lo hemos dicho. Sin embargo, de un modo voluntarista, invita a construir la unidad de las ciencias sociales alrededor de la sociología y bajo su tutela, ya que los tabicamientos disciplinarios son menos admisibles precisamente desde el punto de vista del sociólogo: son considerados sin validez

[15] "Si por lo tanto el estudio de los hechos humanos tiende a explicar en el sentido científico de la palabra, [...] se propone como tarea dominante deslindar las relaciones estables y definidas [...] que pueden aparecer entre los fenómenos." El artículo de Simiand, por otra parte, contiene una muy interesante crítica de los usos históricos de la causalidad.

epistemológica; representan un papel intelectual e institucional coercitivo y retrógrado al prohibir toda reformulación del debate científico en profundidad. Por lo tanto, a la geografía, la economía, la psicología, se les propone convertirse en modalidades particulares de una única ciencia social unificada. En esta concepción de la interdisciplinariedad –más valdría decir aquí: de la adisciplinariedad–, un sitio particular pero no central le corresponde a la historia, si, en principio, nada debe distinguir sus procedimientos de trabajo, y además ve cómo le asignan el papel de un terreno, de un banco de ensayo empírico donde testear hipótesis que serían construidas fuera de ella. Ocurre que, en el fondo, la dimensión temporal propone la única posibilidad de experimentación a ciencias que, a diferencia de las ciencias de la naturaleza, estudian hechos no reproducibles.

Apenas se necesita recalcar lo que el proyecto original de los *Annales* deberá al programa que Simiand dibuja tan firmemente en 1903, y, de manera más amplia, a las proposiciones y procederes –el estilo intelectual, podríase decir– del movimiento durkheimiano. Estudiantes todavía en la Escuela Normal Superior, Febvre (nacido en 1878) y Bloch (nacido en 1886) se formaron en contacto con ese hervidero de ideas:

> Cuando a los veinte años, con sentimientos mezclados de admiración e instintiva rebelión leíamos *L'Année sociologique* [*El año sociológico*], una de las novedades que más nos llamaban la atención ¿no era ese perpetuo esfuerzo de reacondi-

cionamiento, de readaptación de los marcos de clasificación que, de volumen en volumen, se flexibilizaban, se modificaban, y siempre por razones que los colaboradores de Durkheim exponían, discutían, ponían en claro?[16]

Un cuarto de siglo más tarde, queda claro lo que los *Annales* conservarán de tales proposiciones: la primacía de la historia-problema, la preocupación por la construcción del objeto, la exigencia de la medida y el estudio comparativo, la búsqueda de modelos, pero, por sobre todas las cosas, la voluntad de unificar el campo de las ciencias del hombre. Alternativamente, Bloch y Febvre, luego Braudel en la generación siguiente, pudieron retomar sin dificultad aparente los puntos fuertes de un programa del que sigue siendo sorprendente que haya dado muestras de tal longevidad a través de las aventuras intelectuales del siglo XX.[17]

Este logro intelectual, sin embargo, no debe engañarnos, pues la estrategia institucional, que es como el revés de la lección de método suministrada por Simiand, y que apunta a conferir a una disciplina marginal una tutela epistemológica sobre sus vecinos, ha fracasado. A comienzos de siglo, la sociología no tiene ni tendrá durante mucho tiempo los medios de su política. La Primera Guerra

[16] L. Febvre, en su reseña del *Cours d'économie politique* de F. Simiand, "Histoire, économie et statistique", en: *Annales d'histoire économique et sociale*, 2, 1930, p. 583.

[17] Tomaremos como prueba de esto el hecho de que una versión abreviada del texto de Simiand fue publicada nuevamente en 1960 en los *Annales*, a iniciativa de Fernand Braudel.

Mundial, que operará cortes sombríos en las filas de los jóvenes durkheimianos, pronto la debilitará todavía más. El debate planteó los términos de un problema, pero no desembocará en la solución esperada.

4. En efecto, veinticinco años más tarde, los *Annales*, a su vez, intentarán realizar la unidad de las ciencias sociales precisamente alrededor de la historia. Pero si los términos formales del proyecto permanecen, las condiciones de su ejecución en adelante son muy diferentes. Luego de que la sociología se resignó, la historia se encuentra en posición de fuerza frente al resto de las disciplinas sociales. Desde hace mucho tiempo posee una existencia institucional poderosa: dispone de cuantiosas cátedras, ofrece carreras seguras. También aprovecha una legitimidad cultural fuerte y antigua. Sobre estos recursos puede tratar de fundar el proyecto de una reorganización del campo científico cuya iniciativa asume. Al respecto, conviene comprender la empresa de los *Annales*, también ella, como un conjunto de proposiciones científicas y al mismo tiempo como la expresión de una estrategia –al comienzo implícita, luego, con el éxito, cada vez más explícita– que es inseparablemente científica, disciplinaria e institucional. El hecho es importante y posee considerables consecuencias. Merece ser subrayado porque constituye una característica original de la experiencia francesa en el siglo XX: en ella, no sólo la historia es considerada como una ciencia social sino que,

en una gran medida, fue el eje a cuyo alrededor, por lo menos hasta los años sesenta, se organizaron las ciencias sociales.

En lo inmediato, la nueva revista, fundada por Marc Bloch y Lucien Febvre, entonces profesores en la Universidad de Estrasburgo, es una realización modesta, cuya importancia hay que cuidarse de sobrevaluar por una suerte de profecía retrospectiva. Por cierto, aprovecha un fuerte éxito de estima y desde el comienzo logra colaboraciones así como un reconocimiento internacional. Y sin embargo, durante los diez primeros años de su existencia, no encuentra más que algunos centenares de lectores, con seguridad menos que la casi oficial *Revue historique*, que el *Viertel Jahrschrift für Sozial-und Wirtschaftsgeschichte* o la *Historische Zeitung*. Consagrada posteriormente por aquellos que fueron –y en ocasiones también por quienes hubieran querido ser– sus protagonistas, la ruptura de los *Annales*, de hecho, interviene discretamente. Para explicarla, no hay ninguna necesidad de invocar una marginalidad que en suma fue muy relativa. En 1929, Febvre y Bloch son hombres maduros e historiadores reconocidos; la universidad donde enseñan es la más brillante en Francia luego de la de París, y ambos llevan adelante una carrera segura, que conducirá al primero al Collège de France (donde es elegido en 1932) y al segundo, un poco más dificultosamente, a una cátedra en la Sorbona (en 1936). La red de patrocinio y de colaboradores que instalan alrededor de la revista mezcla hábilmente el anticonformismo y el llamado al establishment académico.[18] Como vemos, si la entrada en escena de los *Annales* tiene altibajos, realmente hay que decir que es porque la época no es muy favorable a la innovación.[19]

Sin embargo, si la ruptura es percibida con moderación, los responsables de la empresa la afirman resueltamente. La invocación "a nuestros lectores" que abre el primer número de la revista lo subraya sin restricciones. Denuncia a su vez las barreras disciplinarias que siguen separando a los historiadores de todos aquellos que se dedican "al estudio de las sociedades y las economías contemporáneas"; formula el proyecto de unificar empíricamente ("con el ejemplo y con los hechos") no sólo el campo de la investigación histórica, demasiado tabicado en especialidades, sino de arriba abajo el de las ciencias sociales. Las opciones de la revista explicitan dicho programa. Ante todo, la elección del título: en la fórmula "historia económica y social", plagiada del *Vierteljahrschrift*, será lo social lo que rápidamente tomará la delantera. Primero porque "no existe una historia económica y social. Sólo existe

[18] Se medirá mejor la sutileza de tales estrategias con la publicación de la correspondencia de M. Bloch y L. Febvre, cuyo primer volumen fue publicado, con una anotación de B. Müller, en 1994.

[19] La coyuntura universitaria desapacible de esos años fue bien analizada por O. Dumoulin en un trabajo que hasta ahora permanece inédito, "Profession historien: un métier en crise? (1919-1939)", tesis de doctorado de 3er ciclo, École des hautes études en sciences sociales [Escuela de Altos Estudios en Ciencias Sociales], 1983.

la historia en su unidad", como lo recordará muy pronto Febvre. Luego, y tal vez sobre todo, porque lo social está hecho a la medida de las ambiciones ecuménicas y unificadoras del programa. Una vez más, Febvre lo pone en claro: "Una palabra tan vaga como 'social' [...] parecía haber sido creada para servir de enseña a una revista que pretendía no rodearse de murallas". Las opciones científicas de los *Annales* son igualmente significativas. Reclutan sus colaboradores mucho más allá del círculo de los historiadores y también de los universitarios. La información y la reflexión sobre las realidades contemporáneas –en particular sobre las sociedades en vías de transformación rápida y voluntarista– aquí están asombrosamente presentes. Sobre el modelo de *L'Année sociologique*, la lectura crítica de los trabajos de sociología, economía, geografía, psicología ocupa, al lado de las reseñas propiamente históricas, un lugar muy importante, excepcional, si comparamos los sumarios de los primeros años con los de otras revistas de historia de la época (y probablemente también de nuestro tiempo). Inéditos hasta el momento, aparecen los programas de encuestas colectivas que quieren reunir capacidades e intereses muy ampliamente diversificados alrededor de temas de investigación declarados y comentados. Las múltiples aproximaciones de lo social, inspiradas la mayor parte de las veces por las cuestiones del presente, se hallan en el corazón de la renovación historiográfica de esos años.

Así pues, la juventud de los *Annales* es una época de descubrimientos y aventuras. Unos y otras son permitidos porque se inscriben en la perspectiva unificadora de una ciencia de las sociedades humanas. Realmente, las relaciones que se ponen en práctica entre la historia y las ciencias sociales parecen situarse en la línea intelectual dibujada por Simiand a comienzos de siglo. Pero, de hecho, ¿se sigue tratando del mismo programa? Esta vez se lo pone en práctica en un contexto institucional e intelectual profundamente distinto, que a su vez lo ha modificado. Para los durkheimianos, la unidad de las ciencias sociales estaba pensada en términos de método. El problema de la interdisciplinariedad, pues, no se planteaba en cuanto tal. Simiand formulaba de entrada como evidente la existencia de un modelo de referencia unificado alrededor de la sociología:

> creo que, de hecho, en el trabajo propio de los historiadores actuales, en la selección y el acondicionamiento muy estudiados de sus trabajos, en su preocupación manifiesta por renovar su obra aprovechando los progresos realizados por las disciplinas vecinas, se manifiestan ya muchas tendencias para reemplazar progresivamente la práctica tradicional por un estudio positivo, objetivo, del fenómeno humano susceptible de explicación científica, por dirigir el esfuerzo esencial sobre la elaboración consciente de una ciencia social.

Pero la reanudación del proyecto alrededor de la historia trae aparejados reacondicionamientos cuya importancia es preciso medir bien.

Como hemos visto, Bloch y Febvre se preocupan ante todo por las confrontaciones empíricas. Se ve claramente lo que conservan, pero también lo que rechazan del modelo durkheimiano. Lo que conservan es la búsqueda de una mayor eficacia científica a través de la confrontación de las disciplinas y el permanente cuestionamiento de las nociones y los recortes instituidos y perezosamente aceptados. Lo que rechazan: a grandes rasgos, toda la construcción teórica y la epistemología prescriptiva que sustentaban el proyecto sociológico. Porque la afirmación de una unidad de lo social no constituye tanto en ellos una posición epistemológica sino que se funda en una convicción práctica. En el momento en que se dispone a convertirse en la depositaria de lo social –así como, en el siglo XIX, había sido la de lo nacional–, sintomáticamente la historia recupera acentos y una imaginería románticos: para los fundadores de los *Annales*, como ya lo era para Michelet, como lo será para Braudel, su unidad es "la de la vida". Referencia orgánica fundamental, sobre la cual se encontrarán cien variaciones en las páginas de la revista. Sin duda, es más un acto de fe que una fundación jurídica de las nuevas ambiciones de los historiadores. Sin embargo, igualmente, resultará portadora de un formidable dinamismo, o incluso de un insaciable apetito, para retomar el léxico carnívoro tan del gusto de Febvre como de Bloch: apetito de lecturas, de iniciativas, de experiencias, de confrontaciones. De esto resulta un dinamismo federativo que muy pronto instala a la historia en el centro de las ciencias del hombre.

Se pone en práctica en nombre de lo concreto contra el "esquematismo", la tentación de la "abstracción": ahora, "la historia vive de realidades, no de abstracciones". Los términos del debate están fechados, con seguridad. Sin embargo, van a caracterizarlo durante varias décadas la historiografía que se constituye alrededor de la revista. Explican en parte la fuerza de atracción de un movimiento que, más allá de sus elecciones intelectuales, y en esas mismas elecciones, sigue siendo profundamente acogedor, incluso ecléctico. Una vigilancia incesante, una retórica de combate, no impedirán que los *Annales* se conviertan en un lugar de bienvenida totalmente abierto hacia el exterior. En el recodo del siglo, la geografía vidaliana había dado un primer ejemplo de un cuestionario abierto, de una investigación al mismo tiempo multiforme e integrada; el ejemplo también de una búsqueda pluridisciplinaria inscripta en realidades concretas y casi tangibles: una región, grupos humanos, paisajes. Febvre y Bloch se reivindicaron como sus herederos con mucha frecuencia como para que aquí no sea necesario detenerse mucho tiempo.[20]

[20] Recordemos que la tesis de Febvre, *Philippe II et la Franche-Comté. Étude d'histoire politique, religieuse et sociale* (1911), se inscribe claramente en la filiación vidaliana; con mayor razón, es lo que ocurre con *La Terre et l'évolution humaine* (1922), en el cual interviene a distancia en la polémica abierta antes de la guerra por Simiand contra los geógrafos y toma partido por estos últimos. En lo que respecta a Bloch, su interés por la historia agraria encontrará su culminación en *Les Caractères originaux de l'histoire rurale française* (1931).

La captación del hecho social, para ser global, debe prohibirse toda exclusividad y hasta toda jerarquía entre las diferentes aproximaciones de que es objeto. Por el contrario, es la multiplicación de los puntos de vista lo que funda la potencia del análisis. La (relativa) dominante "económica y social" de los primeros años de los *Annales* no debe inducir aquí a error. Lo económico es ante todo privilegiado porque su estudio, hasta entonces, fue demasiado desdeñado por los historiadores; luego, y sobre todo, porque las relaciones sociales que aquí se anudan aparecen particularmente densas y visibles; pero en ningún caso representa el papel de una instancia que determine el conjunto de los funcionamientos sociales, en el sentido en que lo entiende el análisis marxista, con el cual Bloch (que leyó a Marx) y Febvre, por otra parte, mantienen relaciones con reservas y en ocasiones francamente críticas.

Las razones de sus reticencias fueron explicitadas varias veces, aunque nunca expuestas de manera sistemática. Por un lado, dependen de una desconfianza instintiva ante toda construcción teórica que amenazaría con volverse coercitiva. Por el otro, remiten a una aproximación que es globalizante en su principio pero que, ya se lo ha dicho, quiere permanecer esencialmente empírica. Lo social nunca es objeto de una conceptualización sistemática, articulada: más bien es el sitio de un inventario, siempre abierto, de relaciones que fundan la "interdependencia de los fenómenos". La *Société féodale*, según Marc Bloch: "el análisis y la explicación de una estructura social *con sus re-laciones*". Y Lucien Febvre responde: "La tarea del historiador no es encontrar y desarrollar entre los agrupamientos del pasado una cadena ininterrum-pida de filiaciones sucesivas [...] sino captar en el pasado *toda la serie de combinaciones infinitamente ricas y diversas*" (el subrayado es mío). Por consi-guiente, la historia y las ciencias sociales deben ha-cer comprender no mediante la simplificación o la abstracción, sino complejizando, por el contrario, su objeto, enriqueciéndolo con las significaciones puestas de manifiesto a través de la madeja indefi-nida de las relaciones (es la famosa concepción del *Zusammenhang*). Sin duda, se debe distinguir, cla-sificar; pero el mejor punto de vista sigue siendo el que permite relacionar entre sí el mayor número de fenómenos aparentemente heterogéneos.

La geografía suministró un modelo, y, parale-lamente a la sociología, con ella y en ocasiones también contra ella, constituyó una de las matri-ces de la nueva proposición historiográfica. Pero, más generalmente, en las distancias adoptadas con el durkheimismo puede verse la expresión de un fenómeno más vasto: el cuestionamiento de las con-vicciones que habían sustentado el proyecto positi-vista y la fe cientificista que lo acompañaba; una crítica del determinismo laplaciano, que, habiendo partido de las ciencias duras –y particularmente de la física– en el giro del siglo, poco a poco afectó a las ciencias de la sociedad (y a la filosofía) e invitó a reconsiderar las concepciones epistemológicas dominantes. Treinta años antes del lanzamiento de los *Annales*, la *Revue de synthèse historique*, fundada en 1900 por Henri Berr, a su manera había tomado debida nota de la mutación en curso. La revista, en la que tanto Febvre como Bloch y varios de sus autores colaboraron asiduamente (y con la que, sobre todo Febvre, conservarán lazos estrechos luego de 1929), sin forzar demasiado las cosas puede ser considerada como un prototipo, una primera experiencia cuya lección no será olvidada. Pretende ser, y lo es, resueltamente interdisciplinaria y ampliamente abierta a todas las proposiciones. Está atenta a las evoluciones más contemporáneas. Y también atribuye un papel central a la historia en la "síntesis" evolutiva de los conocimientos de los que Berr, filósofo de formación, se hizo el apóstol, en ocasiones un poco confuso pero, en todo caso, obstinado. Rechaza al mismo tiempo el cientificismo y la rigidez de los modelos deterministas para reemplazarlos por un empirismo flexible y práctico.[21] Entendámonos: respecto de la *Revue de synthèse*, los *Annales* ganarán en rigor, en profesionalismo,

[21] Recordemos que Berr fue el inventor (o, más probablemente, uno de los inventores) un poco olvidado de la fórmula de la "nueva historia"; también fue un incansable animador de empresas científicas y editoriales que permanecieron casi privados, en todo caso al margen de la universidad, que jamás le hizo un lugar: el Centre international de synthèse [Centro Internacional de Síntesis], las Semaines de Synthèse [Semanas de Síntesis], la Fondation "Pour la science" [Fundación "Por la ciencia"] y la famosa colección histórica "L'Évolution de l'Humanité" desempeñaron un papel esencial en la cultura francesa, desde los años veinte a los comienzos de 1950. Berr sigue esperando su historiador.

en seriedad. No se encontrará en ellos el eclecticismo a menudo desordenado de Berr ni su profetismo. En cambio, se encontrará una atención alerta ante las transformaciones del presente así como la determinación de organizar de manera razonada, pero no prescriptiva, la confrontación entre el desarrollo y los resultados de las diferentes prácticas científicas. También vemos en qué consiste la originalidad de esta concepción respecto del modelo durkheimiano. Ya se ha dicho que éste fundaba la unidad de las ciencias sociales en el método de *la ciencia social, la sociología*. Lo que aquí se propone es pensarla a partir del objeto al que ellas apuntan. Puesto que les es común, bien puede pensarse que los desarrollos de las diversas ciencias terminarán por converger un día a su alrededor, y que, en lo inmediato, tienen un gran interés en la confrontación. De ello resulta una perspectiva metodológica voluntarista, profundamente empírica. El uso francés, que se conservó durante mucho tiempo, de hablar de "ciencias del hombre" más que de "ciencias sociales", es como su síntoma. De ello también resulta un sistema abierto de circulación e intercambios entre disciplinas, que ante todo está regulado por la inventiva y la búsqueda de la eficacia y que, por lo general, no se enreda con condiciones previas teóricas.[22] En ocasiones pudo desembocar

[22] Al término de una reseña elogiosa del *Cours d'économie politique* de Simiand en 1930, Febvre se interrogaba: "Como historiadores, ¿qué hay ahí para nosotros? ¿Resultados para utilizar tal cual? ¿Procedimientos de investigación para transportar del presente al pasado, sin modificación, o, por lo me-

en una verdadera chapuza, que a menudo caracteriza dicha práctica de la interdisciplinariedad, y por mucho tiempo, pero que también provocó su fecundidad empírica.

5. Lleguemos ahora a los momentos posteriores a la Segunda Guerra Mundial. La ocasión, ya se ha dicho, marca una cesura en la experiencia francesa –el fin del largo entreacto de la ocupación y el Estado francés– y, acaso más profundamente, trae aparejada una mutación de las sensibilidades. La tonalidad sombría, inquieta, fría, de los años treinta, es reemplazada entonces por un optimismo voluntarista que sustentará el esfuerzo, muy consensual, de la reconstrucción. Cierto es que el país necesita movilizar todas las energías: fue rebajado, está considerablemente destruido por la guerra y las expoliaciones, perdió a una buena parte de sus elites, comprometidas en el derrumbe de la Tercera República, en el régimen de Vichy, hasta en la colaboración. Pero la muy transitoria unión forjada en la Resistencia, la euforia de la Liberación y la urgencia de las tareas por realizar se encuentran en el origen de un es-

---

nos, con la preocupación de modificarlos lo menos posible? A todas luces, no". Sin duda, debe leerse este texto como una evocación de la función heurística reconocida por Simiand a la experimentación histórica en el seno de una ciencia social unificada. Pero ¿será una incitación el leer en ella la impaciencia de un historiador que reivindica la particularidad de su aproximación y la necesidad de una dimensión histórica en toda reflexión sobre los hechos sociales?

pectacular resurgimiento. Es el comienzo de un gran ciclo de crecimiento y modernización, que va a conmover a una sociedad que, en muchos aspectos, se había quedado en el siglo XIX, y que se prolongará hasta comienzos de los setenta. Es el inicio del período conocido con el nombre de "Treinta gloriosos". El caso es que la guerra patentizó una readaptación que resulta difícil de aceptar y cuyo reconocimiento será demorado mucho tiempo: Francia, antaño potencia internacional de primer nivel, entró en la categoría de las naciones de segundo orden. Ni hablar de admitirlo en 1945. Pero la progresiva apertura que, en esos años, afecta a un país que durante mucho tiempo se había pensado como el centro del mundo –y en particular del mundo intelectual– puede ser interpretada como una manera indirecta de reconocerlo, ya sea que esta apertura adopte la forma de un internacionalismo progresista o, más raramente, que se vuelva hacia los Estados Unidos y el atlantismo. Lo que resulta evidente, en todo caso, es que Francia quiere recuperar el tiempo perdido y entrar en la historia. Políticamente: es el mensaje común que enuncian, en términos no tan contradictorios como parece, comunistas y gaullistas. Socialmente: es la época de los grandes movimientos de masas, también la de las conquistas sociales, en la perspectiva de un progreso que se cree indefinidamente abierto. Culturalmente: del existencialismo al marxismo, pero más ampliamente entre los intelectuales que reivindican la Resistencia (Malraux, Camus), es fuerte la convicción de que es preciso participar en la modernidad e inscribir su acción en la historia.[23] Son los años del "compromiso". Pronto, la época conocerá sus dificultades y sus dramas, con el comienzo de los conflictos de la descolonización y luego la Guerra Fría. Sin embargo, sigue siendo optimista. Y en la segunda posguerra no encontramos la tensión angustiada ni el sentimiento de culpabilidad que habían caracterizado los inicios de la "reforma intelectual y moral" luego de la derrota de 1870.

Tal situación, que valoriza tanto el sentimiento de estar en la historia como el de tener que ocupar su lugar, también es subsidiariamente favorable a la historia practicada por los profesionales. De hecho, la disciplina manifiesta entonces un poder de atracción muy vigoroso sobre los jóvenes que emprenden estudios en la posguerra inmediata. A su manera de ver, asocia cómodamente los prestigios del compromiso intelectual y del ideológico. Es entonces cuando comienzan su aprendizaje universitario muchos de aquellos que se convertirán en los grandes nombres de la historiografía francesa veinte años más tarde: Agulhon, Chaunu, Furet, Kriegel, Le Goff, Le Roy Ladurie, Ozouf, Jean Claude Perrot, Michel Perrot, Richet, Vidal-Naquet...[24]

---

[23] Es sabido, ésta es la significación del título de la revista *Les Temps Modernes*, lanzada por Sartre con la elite de los intelectuales de su generación en 1945.

[24] Se encontrará toda una serie de testimonios en este sentido en los ensayos autobiográficos reunidos por P. Nora

Al mismo tiempo, buena cantidad de ellos escogen unirse al movimiento comunista. Son jóvenes, están convencidos y decididos, tienen un fuerte sentido de sus responsabilidades. ¿Qué les proponen?

¿Ejemplos? Los historiadores dieron su contribución a la Resistencia (con Bloch, asesinado por los alemanes en 1944, con el medievalista Perroy, el helenista Vernant, entre muchos otros), pero también a Vichy y la colaboración. ¿Referencias intelectuales? A todas luces se piensa en el marxismo, ya que la militancia comunista fue la elección de una buena parte –y con frecuencia la más brillante– de esta clase. Pero ¿cuántos, entre ellos, leyeron verdaderamente a Marx, y cuántos lo integran a su trabajo de historiador? Cuando se leen hoy sus testimonios, uno se siente impactado por el hecho de que, para la mayoría, el compromiso político fue más importante que la adhesión al marxismo teórico, que era conocido superficialmente (cosa que podría justificar, entre otras, la tradicional pobreza intelectual de la tradición

_____

(comp.), *Essais d'ego-histoire*, París, 1987 (véanse en particular los de Michelle Perrot y Maurice Agulhon). Los prefacios, en ocasiones muy largos, de las tesis de doctorado también dan lugar a desarrollar ese tema de la relación fundante con la historia: el ejemplo más notable de esto, sin duda, es el que Pierre Vilar redactó para su monumento, *La Catalogne dans l'Espagne moderne. Recherches sur les fondements économiques des structures nationales*, París, 1962, 3 vol. Varios de los historiadores de esta generación, por otra parte, tuvieron el deseo de fijar su experiencia en memorias: así lo hicieron E. Le Roy Ladurie, A. Kriegel y pronto P. Vidal-Naquet.

marxista en Francia).[25] Y el existencialismo sartreano, como el personalismo cristiano de Mounier, participan de un ambiente intelectual difuso sin constituir para nada ideologías científicas de referencia. Movilizan las convicciones pero no aportan un aparato conceptual importante. Por supuesto, si los jóvenes historiadores se orientan de buena gana hacia temas sociales o económicos, lo hacen porque se sienten atraídos por una historia que sería la de la mayor parte, la de las masas de las que pretenden estar cerca. Maurice Agulhon narró posteriormente cómo, a comienzos de los cincuenta, se había visto guiado por "la inspiración militante" en la elección de un tema de tesis; cómo, también, no había encontrado en Marx el instrumento analítico que necesitaba en su investigación. La versión de Michelle Perrot no es muy diferente, y sus ejemplos en modo alguno son aislados.[26] Todo ocurre como si el compromiso personal y el profesional se inscribieran en dos registros de referencia paralelos pero separados.

Lo que se propone, en cambio, a estos jóvenes, son modelos científicos, ejemplos. Antes de evocar

[25] Y cuya historia aún está por escribirse. Mientras tanto, véase el ensayo estimulante pero demasiado rápido de D. Lindenberg, *Le marxisme introuvable*, París, Calmann-Lévy, 1975. Esta pobreza es notable si se compara la tradición francesa con los debates alemanes, italianos o ingleses.

[26] M. Agulhon, "Vu des coulisses", en: P. Nora (comp.), *Essais d'ego-histoire*, ob. cit., pp. 9-59; M. Perrot, "L'air du temps", ibíd., pp. 241-292.

los, sin embargo, conviene poner en guardia al lector contra un error de perspectiva del que puede ser responsable el bosquejo que aquí se le propone. Al resumir las grandes líneas del debate historiográfico del período de entreguerra, se dedicó la mejor parte –de lejos la mejor, con seguridad– a lo que cambia y que verdaderamente es objeto de proposiciones y discusiones. Pero en la actividad y la producción historiográficas de la época se trata de una realidad muy minoritaria. Lo que domina pesadamente en la institución universitaria, tanto antes como después de la Segunda Guerra Mundial, son las formas de historia que los *Annales* –y que Simiand, veinticinco años antes– denunciaban como tradicionales, en particular la historia política y las de las relaciones internacionales.[27] Alrededor de 1930, aquellos que se sentían más tentados por la nueva historia en ocasiones se habían decidido a pasar por la geografía para rodear el obstáculo de la enseñanza académica, como lo testimonia Pierre Vilar:

> Con seguridad, no fue fortuito que entre 1925 y 1930 el grupo más compacto entre los jóvenes de mi generación que había elegido estudiar historia haya finalmente optado, en el momento de comprometerse en proyectos personales, por la geografía. [...] Pero debe decirse que las grandes cuestiones, de las que adivinábamos más o menos que dominarían nuestro siglo, prácticamente

---

[27] Sobre este punto remito a las pruebas tan convincentes reunidas por O. Dumoulin en su tesis "Profession historien", ob. cit.

sólo nos eran planteadas a través de las lecciones de nuestros maestros geógrafos.[28]

Veinte años más tarde, las cosas no cambiaron mucho. En la Sorbona, y más aún en las universidades de provincia, las temáticas antiguas siguen siendo predominantes, aunque, con Pierre Renouvin en la Sorbona, pueden ser objeto de una importante actualización. El caso es que la historia económica y social hace una entrada violenta en la alta enseñanza, con dos nombres que van a dominar esos años: los de Ernest Labrousse y Fernand Braudel.

Claramente nos enfrentamos con un pasaje de generaciones. Bloch ha muerto. Febvre vive hasta 1956, pero ejerce lo esencial de su influencia a través de sus libros, sus conferencias y sobre todo de la política científica que pone en práctica. Simiand desapareció en 1935. Labrousse (nacido en 1895) sucede al primero en la cátedra de historia económica y social de la Sorbona. Braudel (nacido en 1905) es elegido en el Collège de France cuando el segundo se retira, en 1950. Entre los dos, y por minoritarios que hayan sido al comienzo, tendrán un gran peso en la organización de la investigación, en la formación y el reclutamiento de los nuevos investigadores, en la definición de los programas de investigación. Concentrando en sus manos unos poderes de intervención excepcionales, pero ante todo autores de obras que marcaron la posguerra, reinarán sobre la disciplina durante veinte años. El

[28] P. Vilar, *La Catalogne dans l'Espagne moderne*, ob. cit., tomo I, p. 12.

primero viene de las facultades de Derecho y de Economía, y siempre se reivindicó como el heredero intelectual de François Simiand; está asociado al grupo de los *Annales* desde mediados de los años treinta. Sobre todo, se hizo conocer por dos grandes libros que conmovieron de arriba abajo la concepción y los métodos de la historia económica y social: el *Esquisse du mouvement des prix et des revenus en France au XVIIIe siècle* (1933) y *La crise de l'économie française à la fin de l'Ancien Régime et au début de la Révolution* (1943). Gran profesor, atraerá alrededor de su cátedra en la Sorbona a una buena parte de los más brillantes entre los jóvenes historiadores que entonces se encuentran en busca de un tema. Algunos años más joven, Braudel sostuvo en 1947 y publicó en 1949 una tesis demorada por la guerra y que va a convertirse en la bandera de la nueva historiografía, *El Mediterráneo y el mundo mediterráneo en la época de Felipe II*, inmensa investigación sobre la historia global de un espacio geográfico. Descubierto por Febvre durante un viaje a Brasil en 1936, se convirtió en su compañero y heredero designado, y lo sustituirá en la mayoría de sus posiciones académicas oficiales, pero también en los *Annales*, y rápidamente se muestra como un político muy eficaz.[29]

[29] Por ejemplo, utilizará su paso por la presidencia del jurado de la cátedra de historia durante algunos años, a partir de 1950, para descubrir a los jóvenes talentos entre los candidatos, una buena cantidad de los cuales, algunos años más tarde, se encontrarán a su alrededor, en las filas de la Escuela de Altos Estudios.

Claro que, en adelante, esos grandes maestros disponen de medios nuevos. El Centre National de la Recherche Scientifique [Centro Nacional de la Investigación Científica], proyecto del gobierno del Frente Popular, fue creado formalmente en 1939; pero sólo comenzó a representar un papel verdaderamente substancial luego de la guerra, en el marco de una política voluntarista de la organización científica que expresa a las claras los ideales de la época. Financia programas de investigación y, sobre todo, ofrece puestos rentados a una elite de jóvenes investigadores; posibilita una real profesionalización de la investigación. Por otra parte, a fines de 1947, Febvre, Braudel y Morazé consiguen crear una institución que está llamada a dar al movimiento de los *Annales* un soporte institucional, la Sexta Sección (ciencias económicas y sociales) de la Escuela Práctica de Altos Estudios.[30]

[30] Recordemos que la Escuela Práctica de Altos Estudios es una creación ya antigua: fue instituida por el ministro Victor Duruy en 1868, con el proyecto de introducir en Francia el modelo de formación para la investigación que existía en Alemania en el siglo XIX, centrado en el seminario. La Escuela Práctica, institución universitaria, como a menudo ocurrió en Francia, está yuxtapuesta al sistema regular de las universidades. En el campo que nos interesa, una sección de historia y de filología fue creada desde el comienzo (será una de las bases de la reforma universitaria de la Tercera República). En 1885, la continúa una sección de las ciencias religiosas (la Quinta, que servirá de refugio a varios de los discípulos de Durkheim). El proyecto de una sección de las ciencias económicas y sociales fue formulado desde el origen, pero, por diversas razones, postergado durante mucho tiempo. Sobre esta

Se trata al comienzo de una realización muy modesta: un puñado de docentes, presupuestos muy limitados que felizmente se redondean a través del financiamiento de fundaciones americanas. Pero a grandes rasgos, su ambición es la misma que inspiró a la revista fundada por Bloch y Febvre a fines de los años veinte: crear las condiciones de una confrontación al mismo tiempo sistemática y abierta entre los desarrollos de las diferentes ciencias sociales agrupadas alrededor de la historia (Febvre es su primer presidente; Braudel lo suplantará y dirigirá la institución hasta 1972). El dinamismo de la Sexta Sección pronto le garantizará una posición central en la economía de la investigación, no tanto por la cantidad de estudiantes (que seguirá siendo muy minoritaria respecto de las universidades) como por el prestigio de sus docentes y sus modos de intervención. Rápidamente pone en práctica, en efecto, una política voluntarista de la investigación colectiva, definiendo programas, objetivos, y procurando los medios para realizarlos. Abordamos aquí un tercer tipo de recursos que hacen a la originalidad del paisaje científico de la posguerra: la creación de centros de investigación.

Hasta entonces, la investigación histórica había sido una actividad esencialmente solitaria. En la inmediata posguerra, sin embargo, en Francia habían aparecido las primeras tentativas para introducir en las humanidades y las ciencias sociales modos

---

larga génesis, véase B. Mazon, *Aux origines de l'École des hautes études en sciences sociales*, París, Cerf, 1988.

de organización del trabajo en laboratorio, tal y como existían en las ciencias duras; es lo que ocurrió, en particular, con las ciencias auxiliares de la historia, la edición de textos y algunas especialidades periféricas. Lucien Febvre exigía vigorosamente, a su manera, la creación de equipos de investigadores; más allá de la simple eficacia, esperaba de ellos un beneficio epistemológico: el trabajo colectivo sería el medio de llegar "a hacer por fin de la historia una 'ciencia de problemas para plantear', cuando no siempre para resolver con certeza y de primera intención".[31] Por otra parte, existían algunos ejemplos de estas investigaciones en colaboración, como la amplia red reunida por el Comité International pour l'Histoire des Prix [Comité Internacional para la Historia de los Precios], o las investigaciones lanzadas por los *Annales* durante los años treinta. En una pequeña cantidad de universidades, además, los profesores habían comenzado a organizarse en institutos temáticos, asociando una o varias cátedras y un conjunto de recursos documentales para mejorar la formación de los jóvenes investigadores.[32] Pero al terminar la guerra,

---

[31] L. Febvre, "Les recherches collectives et l'avenir de l'histoire" (1936), retomado en *Combats pour l'histoire*, París, p. 60.
[32] En la época en que Febvre y Bloch enseñaban, la Universidad de Estrasburgo y en particular su Facultad de Letras habían dado un ejemplo precoz de esta forma de organización. Elegido en la Sorbona, Bloch fundaría en 1938, con el sociólogo M. Halbwachs, un instituto de historia económica y social cuya dirección asume Labrousse inmediatamente después de la guerra.

todo cambia de dimensiones y de significación. El laboratorio de investigación está en el aire: organizar, movilizar las energías poniendo medios a su disposición, producir en función de objetivos asignados, todo eso expresa a las claras el voluntarismo optimista y organizador del período. Por lo general, la realidad es modesta, una vez más. Pero se marca una tónica. El Centre de Recherches Historiques de la Sixième Section de l"EPHE [Centro de Investigaciones Históricas de la Sexta Sección de la Escuela Práctica], creado en 1949, es una de sus primeras manifestaciones,[33] fundado en la convicción de que la nueva agenda de los historiadores requiere formas de trabajo igualmente nuevas. La misma universidad se convence de esto, rompiendo con su apego exclusivo al trabajo individual. También abre centros de investigación, y algunos de sus más eminentes representantes pronto se unirán a Labrousse y a Braudel para comprobar que "la naturaleza y el objeto mismo de las investigaciones que se hacen en nuestros días en general suponen trabajos llevados a cabo en equipo, cuya urgencia y utilidad no puede dejar de reconocer el historiador más individualista".[34]

---

[33] Véase Lutz Raphael, "Le Centre de recherches historiques de 1949 à 1975", en: *Cahiers du Centre de recherches historiques*, 10, abril de 1993; y, más ampliamente, Comité francés de ciencias históricas, *Vingt-cinq ans de recherches historiques en France (1940-1965)*, París, 1965.

[34] J. Schneider, F. Braudel, E. Labrousse, P. Renouvin, "Les orientations de la recherche historique", en: *Revue historique*, 222, 1959, p. 46.

Entendámonos: la multiplicación de los equipos de investigación no suprime, ni mucho menos, el trabajo individual. La tesis francesa de doctorado seguirá siendo –aun hoy– la forma privilegiada de la producción de conocimientos así como del reconocimiento profesional: más aún, no dejará de sobrecargarse durante las décadas de la posguerra hasta volverse, en ocasiones, monstruosa. Pero no es la única manera de hacer historia. Al lado de la obra maestra solitaria, existen ya talleres que también son lugares de discusión y de formación metodológicas, en particular para los más jóvenes.

La enseñanza de Labrousse, que domina las dos décadas que siguen, aquí puede servir de ejemplo. Su primer gran libro fue publicado mucho antes de la guerra, pero bien debemos reconocer, por otra parte, que no conoció una gran repercusión hasta 1939. El segundo, *La crise* [*La crisis*], apareció durante los años negros de la ocupación. Pero la coyuntura de la posguerra les da una importancia y una significación nuevas: no sólo porque el autor está ya instalado con su cátedra en la Sorbona, en el corazón de un dispositivo académico que está extraordinariamente centralizado, sino también porque la historia económica y social que ilustran dispone en adelante de un estándar, de un modelo reproducible. Las investigaciones llevadas a cabo personalmente por Labrousse lo habían sido a escala de toda Francia. Las que va a inspirar en ocasiones desbordarán ese marco nacional, como en el programa de una "historia de la burguesía occidental en los siglos XVIII y XIX", que presenta en el Congreso Internacional de las Ciencias Históricas de Roma en 1955.[35] Pero, con más frecuencia, van a ser detalladas en decenas de monografías, que fueron pensadas como las piezas de un vasto rompecabezas destinado a procurar, llegado el momento, una imagen completa de la historia económica y social de la Francia moderna y contemporánea. Inscriptas en un espacio restringido –una provincia, un departamento, una ciudad– o dándose por objeto un sector de actividad, o incluso una profesión, tales investigaciones –la mayor parte de las veces llevadas a cabo en el marco de una tesis doctoral– son distribuidas por el maestro en función de un plan de conjunto.[36]

La influencia de Braudel se ejerce de una manera muy distinta. Ocupa un lugar en el Collège de France, donde no hay estudiantes, en el sentido clásico del término, sino auditores; tampoco los

[35] E. Labrousse, "Voies nouvelles vers une histoire de la bourgeoisie occidentale aux XVIIIᵉ et XIXᵉ siècles (1700-1850), en Comitato Internazionale di Scienze Storiche, X Congresso Internazionale di Scienze Storiche, Roma, 4-11 Settembre 1955, *Relazioni*, vol. IV, *Storia moderna*, Florencia, 1955, pp. 365-396.

[36] Véase, por ejemplo, el testimonio de M. Agulhon, "Vu descoulisses", ob. cit., pp. 25 y ss. Por otra parte, Agulhon expresa su escepticismo frente a este gran proyecto: "Tengamos la osadía de decirlo, nuestro maestro había sido de una audacia un poco ingenua al esperar que un día se poseería un verdadero retrato económico y social de Francia por la suma de bellas tesis, cada una de las cuales analizaría a fondo su jurisdicción", ibíd., p. 42.

tiene en la Escuela de Altos Estudios, que sigue siendo una institución periférica y no se beneficia en esa época de la cólación de grados universitarios. Será la lectura de *El Mediterráneo*…, y la de los *Annales*, la que atraerá hacia él a cierta cantidad de jóvenes investigadores en busca de tema (Chaunu, Mauro, Delumeau, Le Roy Ladurie) que elegirán especializarse en el área mediterránea, algunos de los cuales se unirán a él. Pero su número no es tan elevado, no sólo porque la posición de Braudel todavía es mucho menos central, sino también porque su gran libro, contrariamente a los de Labrousse, sigue siendo un modelo difícil de repetir.

6. La historia económica y social va a dominar por completo el cuarto de siglo siguiente. En 1946, sin embargo, los *Annales d'histoire économique et social* cambian de nombre para convertirse en los *Annales: économies, sociétés, civilisations*. Este nuevo título, sin embargo, no debe ser mal comprendido. La célebre trilogía anunciada por el subtítulo, por cierto, es una manera de evocar la ambición de una historia global; pero en lo inmediato, entre los tres términos, la balanza es desigual. Entre ellos, el orden enunciado es "lógico", comenta Labrousse. Y Braudel, el heredero de Febvre en tantas cosas, jamás manifestará un gran interés por la historia cultural. Lo económico prima, como nunca en los años anteriores a la guerra.

Varias razones concurren para ello. Para explicar esta inflexión sensible se invocó mucho la influencia del marxismo que circulaba en el ambiente. Ya tuve ocasión de expresar más arriba mis reservas sobre esta interpretación, que considero superficial. Lo cierto, en cambio, es que uno se convencía fácilmente, en esos años, del peso determinante de los factores económicos en las evoluciones históricas: después de todo, ¿no es ésa la experiencia casi cotidiana de un país en plena fase de reconstrucción, y al que tanto la movilización de las fuerzas productivas como la ayuda americana hacen entrar a ritmo forzado en la modernidad? En el mismo momento, todo un conjunto de recursos conceptuales, eventualmente contradictorios pero disponibles, invitan a reconsiderar la historia económica: no solamente los que propone Labrousse (y, en un grado menor, Braudel), sino los que producen los economistas que alimentan un denso debate sobre el crecimiento, tema de actualidad si los hay: Keynes, por supuesto, pero también Kuznets, Perroux, Schumpeter, y sobre todo los teóricos de los ciclos económicos, en espera de Leontieff, Rostow, Marczewski. Por consiguiente, se otorga prioridad a la investigación de lo que es percibido como los fundamentos de toda organización social al mismo tiempo que como el principal factor del cambio histórico. Labrousse lo expresará claramente, algunos años más tarde, en ocasión de un encuentro que trazaba el balance de una generación de estudios:

> El movimiento es por excelencia –pero no siempre– el económico. Ahora bien, lo económico retrasa lo social, cuando el impulso viene de lo económico. A la inversa, lo social retrasa lo eco-

nómico, cuando él mismo tiene la iniciativa. En otras palabras, la estructura es una resistencia. Pero, a su vez, lo mental retrasa lo social. Y el freno de lo mental es el más fuerte de todos. La mentalidad de un medio cambia más lentamente que ese mismo medio.[37]

La economía, la sociedad, la cultura: la idea, que luego será muy ampliamente aceptada, sugiere una construcción en tres "niveles" de importancia desigual, y cuyo estudio requiere evidentes prioridades.[38]

De aquí proviene la importancia, en ocasiones un poco obsesiva, adoptada por la investigación y la interpretación de los indicadores económicos. No se trata aquí de una novedad absoluta, ni de una exclusividad francesa. A partir de los años veinte, la historia de los precios (que sólo estaba en sus comienzos) había sido objeto de investigaciones y comparaciones a nivel internacional. Pero en adelante se busca agrupar toda una batería de medidas de la actividad económica y sus evoluciones: salarios, ingresos, flujos comerciales, más tarde

[37] E. Labrousse, "Introduction" a *L'histoire sociale, sources et méthodes* (Coloquio de la École Normal Supérieure de Saint-Cloud, mayo de 1965), París, 1967.

[38] Por lo demás, puede considerarse esta formulación como una simplificación respecto del modelo complejo de interdependencia propuesto por Marc Bloch (y, más ampliamente, los primeros *Annales*), y que, entre lo económico y lo cultural, por ejemplo, sugería determinaciones recíprocas. Se encuentra una buena ilustración de esto en *La Société féodale*, París, 1939-1940, de Bloch.

volúmenes de producción, etcétera. La gran consigna es el estudio de la "coyuntura", realidad casi personificada, que sirve para designar al mismo tiempo la tendencia de una evolución y el conjunto de los factores que la explican. ¿Quieren medir, más allá de la masa de las publicaciones, el peso de este tipo de investigaciones? Basta con comparar las dos ediciones sucesivas de *El Mediterráneo…* de Braudel. La edición original (1949) sólo apoya sus hipótesis sobre un muestreo de cifras muy limitado; dieciséis años más tarde (1965), la segunda edición es completamente reorganizada, aprovechando todo el capital de datos producidos mientras tanto por una generación de investigadores.

El caso es que esa prioridad de la economía no desemboca en un economicismo. Por el contrario, fue en esos años cuando la fórmula "historia económica y social" se impuso por completo en Francia. Ya en los trabajos empíricos de Simiand[39] se trataba de elaborar "una teoría de conjunto de la actividad económica en la sociedad". Labrousse se dedicó a extrapolar la reflexión metodológica y la conceptualización de Simiand para la comprensión del fenómeno global de la coyuntura. Pero tanto en uno como en el otro, el hecho económico jamás es estudiado por sí mismo. Siempre está cargado de una significación social. En el primero,

[39] En particular en *Le Salaire, l'évolution sociale et la monnaie*, París, 1924; véase también *Recherches anciennes et nouvelles sur le mouvement général des prix du XVIe au XIXe siècle*, París, 1932.

las fluctuaciones largas de la actividad económica (con que abusivamente, por lo común, se identifica lo esencial de su aporte), afectadas por una periodicidad a grandes rasgos regular, superpuestas a toda una gama de fluctuaciones de un período más corto, a través del juego y las representaciones de la moneda caracterizan los comportamientos de los actores sociales. En Labrousse, la interpretación social de la coyuntura (sobre todo en el *Esquisse*) es ofrecida por la posición diferencial de los actores, identificados por su tipo de ingreso y su ubicación en el proceso de producción e intercambio. De uno a otro, esta preocupación se afirmó, y Vilar pudo escribir que se había pasado de un "economicismo coyuntural" a un "coyunturalismo estructural".[40] Y Labrousse lo formula a su manera, al enunciar que "una economía tiene la coyuntura de su estructura". De aquí proviene la importancia particular concedida a los fenómenos de crisis en esa generación de trabajos. De hecho, es doble. Por un lado, la crisis es tomada como una referencia de los grandes giros coyunturales; por el otro, traduce la resistencia de lo social a los juegos de la economía; ella evoca el peso determinante de las estructuras.[41]

[40] P. Vilar, "Réflexions sur la 'crise de l'ancien type': 'inégalité des récoltes' et 'sous-développement", en *Conjoncture économique, structures sociales. Hommage à E. Labrousse*, París-La Haya, 1974.

[41] *La crise de l'économie française*, ob. cit., es acaso el ejemplo más acabado de este tipo de análisis, cuyo esquema será retomado, profundizado y enriquecido luego por los trabajos de

Dado que, si en la producción de los años 1945-1965 lo más visible es el análisis de los movimientos económicos, siempre remite a la identificación de ordenamientos estables, de sistemas. ¿Ha quedado suficientemente claro? Detrás de lo que se llama la coyuntura en la historiografía francesa, lo que ante todo se trata de comprender es la intervención recurrente de fenómenos cíclicos cuya articulación compleja caracteriza un modelo: es el caso de la economía del tipo antiguo (vale decir, preindustrial) en Labrousse, modelo que Jean Meuvret y luego Pierre Goubert enriquecerán con la variable demográfica, precisamente en esos años.[42] Sin duda, conviene no forzar demasiado las cosas. De Simiand a Labrousse y a Vilar, el análisis coyuntural concierne también "al tiempo económico que aparece como creador, y como creador por sus propios ritmos" (Vilar), y toda una reflexión sobre el crecimiento, por lo demás muy diversa en sus inspiraciones, fue la respuesta a tales preocupaciones. Pero la interrogación sobre el crecimiento económico, la mayor parte de las veces,

Meuvret, de Goubert y de Le Roy Ladurie en particular, a lo largo de unos veinte años.

[42] Labrousse, *Esquisse du mouvement des prix*, ob. cit.; *La Crise de l'économie française*, ob. cit.; J. Meuvret, "Les crises de subsistances et la démographie d'Ancien Régime", *Population*, 4, 1946, pp. 643-650 (los principales artículos de método de Meuvret, que fue el discreto maestro de dos generaciones de historiadores del Antiguo Régimen, fueron reunidos justo antes de su muerte en sus *Études d'histoire économique*, París, 1971); P. Goubert, *Beauvais et le Beauvaisis de 1600 à 1730*, París, 1960.

¿no adoptó en Francia la forma de un análisis de las condiciones de posibilidad del crecimiento en el seno de un sistema determinado? La gran tesis de Emmanuel Le Roy Ladurie, *Les Paysans de Languedoc* (1966) [*Los campesinos de Languedoc*], que en cierto modo corona una generación de estudios y que también la cierra, da una ilustración casi paradigmática de esto: reconstruye un largo ciclo agrario entre los siglos XIV y XVIII, hecho de fases alternadas y contrastadas de crecimiento y recesión, pero que permanecen inscriptas en el interior de un modelo cuyas variables (y, en último análisis, su variable demográfica, según el autor) prohíben toda transformación radical.

¿Es "inmóvil" esta historia, como lo enunciará, algunos años más tarde, el propio Le Roy Ladurie de manera un poco provocativa? Sin duda no, pero está fascinada por las pesadeces, las inercias, el tiempo largo, las evoluciones imperceptibles, con la convicción de que en ese nivel se ubican las realidades verdaderamente importantes. A no dudarlo, Fernand Braudel es el defensor más decidido de esta manera de ver las cosas. Su primero, su mayor libro, *El Mediterráneo...* (1949), es sabido, está organizado en tres grandes partes. La primera está dedicada al tiempo casi inmóvil del medio geográfico del mar interior y a las condiciones casi permanentes que ha propuesto a la actividad de los hombres; la segunda trata acerca del tiempo social, en particular el de las fluctuaciones económicas que acompasan y orientan esta actividad a la escala del siglo, pero también el de los Estados y las sociedades; la última reubica los acontecimientos y la acción consciente de los hombres y se propone comprenderla a partir de las tramas precedentemente valorizadas. Ninguna duda cabe, sin embargo, de que en su pensamiento los tiempos largos conservan todo privilegio:

> Creo en la realidad de una historia particularmente lenta de las civilizaciones en sus profundidades abismales, en sus rasgos estructurales y geográficos. Claro que las civilizaciones son mortales en sus floraciones más preciosas; claro que brillan, y luego se apagan, para volver a florecer bajo otras formas, pero esas rupturas son más raras, más espaciadas de lo que se piensa. Y sobre todo, no destruyen todo por igual. Quiero decir que en tal o cual área de civilización, el contenido social puede renovarse dos o tres veces casi por completo sin alcanzar ciertos rasgos profundos y estructurales que seguirán distinguiéndola fuertemente de las civilizaciones vecinas. Por otra parte, más lenta aún que la historia de las civilizaciones, casi inmóvil, existe una historia de los hombres en sus relaciones estrechas con la tierra que los sustenta y nutre: es un diálogo que no deja de repetirse, que se repite para durar, que puede cambiar y cambia en la superficie, pero prosigue, tenaz, como si estuviera fuera del alcance y la mordedura del tiempo.[43]

[43] F. Braudel, "Position de l'histoire en 1950", lección inaugural en el Collège de France, 1950, retomado en *Écrits sur l'histoire*, París, 1969, pp. 15-38 (p. 24).

La lección será retomada y sistematizada en el famoso texto sobre "La longue durée" ["La larga duración"] (1958), presentado por el autor como "un cambio de estilo, ... de actitud, ... un vuelco de pensamiento, ... una nueva concepción de lo social [...]: todo gravita a su alrededor".[44]

Ya hemos dicho que pocos historiadores se arriesgaron sobre las huellas ambiciosas e intimidatorias de Braudel. Pero, sin duda, sus concepciones no ejercieron una influencia tan profunda sino porque daban forma, aunque fuera de manera radical, a un conjunto de tendencias de las que se mostró que estaban muy profundamente arraigadas. En el fondo, desde el comienzo los *Annales* privilegiaban el análisis de los sistemas y las rupturas entre sistemas con relación al del cambio social. La *Société féodale* de Marc Bloch así como la concepción de la historia de las mentalidades defendida por Lucien Febvre (sobre la cual volveremos) son ilustraciones esclarecedoras de esto. Durante el cuarto de siglo posterior a la guerra, lo que va a dominar es la historia lenta y profunda. Con seguridad, no es un azar si el período que más moviliza a los historiadores franceses es entonces la Edad Media y la Moderna, la larga duración de las sociedades preindustriales, antes de las mutaciones que van a trastornarlas. Es más comprensible también la importancia de la historia rural, en la dirección abierta por los *Carac-*

[44] F. Braudel, "Histoire et sciences sociales: la longue durée", en: *Annales ESC*, 4, 1958, pp. 725-753, retomado en *Écrits sur l'histoire*, ob. cit., pp. 41-83 (p. 54).

tères originaux de Bloch, y que toman en préstamo sucesivamente durante más de dos generaciones, entre muchos otros, Meuvret, Duby, Goubert, Baehrel, Le Roy Ladurie, Toubert.[45] Era el sitio de evoluciones lentas, analizadas en términos de sistemas o estructuras (agrarias, sociales), privilegiando las relaciones del hombre con el medio, tomadas casi siempre en el marco limitado de un país, de una región, en cuyo interior estaba permitido afinar el análisis poniendo de manifiesto las interrelaciones multiplicadas entre los diversos órdenes de fenómenos tomados en la duración.

Un último aspecto caracteriza estos estudios de historia económica y social. Es la apelación sistemática a la medida. Puede parecer paradójico, tratándose de una historiografía que se ocupó particularmente de las épocas antiguas, las que nos dejaron la menor cantidad de documentos contables o siquiera simplemente catalogados. Una buena parte del esfuerzo científico de estos años, sin embargo, habrá consistido en inventar nuevos re-

---

[45] Meuvret, *Études d'histoire économique*, ob. cit.; G. Duby, *La Société aux XIe et XIIe siècles dans la région mâçonnaise*, París, 1952; *L'économie rurale et la vie des campagnes de l'Occident médiéval*, París, 1962, 2. vol.; P. Goubert, *Beauvais et le Beauvaisis*, ob. cit.; R. Baehrel, *Une Croissance: la Basse-Provence rurale au XVIIe siècle*, París, 1960; E. Le Roy Ladurie, *Les Paysans de Languedoc*, París, 1966, 2 vol.; P. Toubert, *Les Structures du Latium médiéval*, París, 1973. Pero los trabajos de historia rural, en el sentido amplio, en esos años, deben contarse por decenas, cuando no por centenas.

cursos documentales al mismo tiempo que los desarrollos que permitieran sacarles provecho.[46] La historia de la moneda, luego, y sobre todo la de los precios, había constituido en la materia un primer banco de pruebas sobre el cual se habían entrenado muchos equipos, en Europa y en los Estados Unidos; los ingresos, el volumen de los intercambios, luego la producción, siguieron entre los años 1930 y 1950. Luego vendrán la explotación sistemática de los archivos demográficos, y más particularmente de los registros parroquiales, método que, puesto a punto por el estadístico Henry y el historiador Fleury en 1956, abrirá el camino a una nueva generación de estudios, el de los archivos notariales y de la propiedad, el de las empresas... Hay que contar y comparar. A todas luces, el programa se inscribe en la línea recta de las recomendaciones de Simiand en su artículo de 1903, sustituidas por el ejemplo y la enseñanza de Labrousse. Se traduce por un esfuerzo, al mismo tiempo individual y colectivo. Individual: para no considerar más que un solo ejemplo, cierto es que excepcional, tenemos la enorme investigación que Pierre Chaunu dedica a la medida del comercio del Atlántico español e hispanoamericano en el siglo XVI, con la colaboración de Huguette Chaunu, a partir de los archivos de la Casa de la Contratación de Indias, de Sevilla: doce volúmenes, siete mil páginas, de las cuales cinco mil son de estadísticas; la medida

---

[46] Véase Labrousse, "Voies nouvelles pour l'histoire de la bourgeoisie", ob. cit.; *L'histoire sociale, sources et méthodes*, ob. cit.

de un mundo durante un siglo y medio decisivo para las economías europeas de la primera modernidad.[47] Colectivo: se trata de las múltiples investigaciones abiertas en el taller mediterráneo de Braudel, en el marco del Centro de Investigaciones Históricas de la Escuela de Altos Estudios (movimientos portuarios, flujos marítimos, medida de transacciones, crisis coyunturales); las primeras investigaciones sobre las estructuras sociales;[48] también, la inmensa investigación conducida bajo la tutela del Institut National d'Études Démographiques sur les Réalités Démographiques de la France d'Ancien Régime [Instituto Nacional de Estudios Demográficos sobre las realidades demográficas de la Francia del Antiguo Régimen], a partir de centenares de monografías parroquiales.[49]

Aunque se ambicione una apreciación tan exhaustiva como factible de las realidades económicas y sociales, lo que entonces se busca no es una medida exacta, a lo cual con frecuencia las fuentes se prestan de mala gana: es una evaluación o, para

[47] H. y P. Chaunu, *Séville et l'Atlantique (1504-1650)*, París, 1955-1960, 12 volúmenes.

[48] A. Daumard y F. Furet, *Structures et relations sociales à Paris au XVIIIᵉ siècle*, París, 1961.

[49] Por cierto, esta iniciativa no está aislada en la investigación europea. Los trabajos del Cambridge Group for the History of Population and Social Structure, bajo la dirección de P. Laslett, ofrecen un ejemplo significativo a partir de mediados de los años sesenta. No es seguro que hayan tenido, en Gran Bretaña, un efecto de arrastre y desempeñado un papel de referencia comparable al de la demografía histórica en Francia algunos años antes.

retomar una expresión del gusto de Chaunu, y que empleará de buen grado, un "pesaje global". Sin embargo, tal vez aquí no esté lo esencial. Al redactar en 1971 el balance de esta larga experiencia, François Furet midió claramente sus desafíos. La historia cuantitativa constituyó un giro en la concepción misma de la agenda del historiador. Siguiendo la exhortación de Simiand, le permitió "renunciar a la inmensa indeterminación del objeto de su saber". Acreditó poderosamente un modelo de gestión constructivista, que inventa sus fuentes en función de un objetivo explicitado, de una hipótesis de investigación; que aprende a criticarlas y tratarlas de manera homogénea y controlable, es decir, susceptible de ser reproducida y validada experimentalmente; que ubica en la primera fila las operaciones de formalización y la puesta a prueba de la coherencia de los datos en el seno de una serie con relación a la crítica tradicional de las fuentes. Lo que así se propone es la definición de un protocolo de experiencia generalizable. Así, "el historiador de hoy se ve obligado a renunciar a la ingenuidad metodológica y a reflexionar en las condiciones de instauración de su saber. [...] Como todas las ciencias sociales, pero tal vez con un poco de retraso, la historia de hoy pasa de lo implícito a lo explícito".[50] A sesenta años de distancia, pues, François Simiand tuvo razón.

[50] F. Furet, "L'histoire quantitative et la construction du fait historique", en *Annales ESC*, 1, 1971, pp. 63-75, retomado con el título "Le quantitatif en histoire", en *L'Atelier de l'histoire*, París, 1982, pp. 53-72.

7. Como a menudo en el éxito de una disciplina científica, la definición de un estándar de investigación representa un papel esencial. Ninguna duda cabe de que una de las razones de la atracción que ejercieron los *Annales*, en el sentido amplio, a partir de la inmediata posguerra, se explica también por la existencia de técnicas repetibles: procedimientos, desarrollos escalonados, un repertorio de técnicas experimentadas, un formato. El dinamismo de la historia económica y social, por cierto, se explica por la calidad de aquellos que entonces fueron sus maestros y organizadores, por el conjunto de hipótesis que sometía a la reflexión y a la investigación; pero sin duda también por el hecho de que el joven historiador que se internaba entonces en la investigación disponía, desde el comienzo, de ejemplos y de la certeza de que él lograría su objetivo –la mayoría de las veces, una tesis de doctorado– en un plazo razonable y trabajando en un medio científico donde encontraría un soporte y una especie de comunidad. ¿Quieren un contraejemplo? La historia de las mentalidades, que había sido uno de los laureles de los primeros *Annales* y que había ilustrado libros notables de Marc Bloch, de Lucien Febvre, de Georges Lefebvre, desaparece casi por completo después de 1945 y durante unos buenos veinte años, salvo raras excepciones. Por cierto, puede expresarse que toda primacía es concedida entonces a las realidades pesadas que parecen gobernar los procesos históricos. Pero también puede pensarse que los grandes modelos que dejaron los padres

fundadores tenían el inconveniente de ser difícilmente imitables, tanto por su tamaño como porque, precisamente, no definían un estándar de investigación capaz de ser aprovechado en trabajos universitarios. Habrá que esperar el fin de los años sesenta, y las primeras aplicaciones del desarrollo cuantitativo –o, como se lo llamará, serial– a las realidades culturales,[51] para que a su vez encuentre un amplio público de profesionales, atraídos tanto por la novedad del campo como por la definición de un procedimiento repetible.

Todos estos elementos –la innovación, el voluntarismo circundante, la existencia de apoyos y medios para la investigación, y también un inevitable conformismo– en todo caso permiten comprender el éxito de cierta historiografía que se afirma como central en Francia, y muy pronto más allá. La atracción que ejerce también puede explicarse en la apertura y el eclecticismo del movimiento. Es abierto intelectualmente, al acoger a historiadores que ocasionalmente pueden llevar a cabo verdaderas escisiones teóricas. Sin ser marxista, Labrousse (que por otra parte se inscribe en la movilidad ideológica socialista) es un buen conocedor de Marx y siempre se reivindicó como el heredero de Simiand;

[51] Estos primeros modelos son la tesis de L. Perouas, *Le Diocèse de La Rochelle de 1648 à 1724. Sociologie et pastorale*, París, 1964, y la de M. Vovelle, *Piété baroque et déchristianisation en Provenceau XVIIIᵉ siècle*, París, 1971. Ambos libros fueron abundantemente comentados por P. Chaunu, quien a partir de su ejemplo profetizó la introducción de lo que él llamó "lo cuantitativo en el tercer nivel".

Braudel siempre se mantuvo alejado de toda referencia teórica (exceptuando, tal vez, a Sombart); Vilar, por su parte, constituye una excepción en la historiografía francesa, en el sentido de que explícitamente inscribió toda su obra en una perspectiva teórica marxista.[52] En la generación siguiente, Malthus servirá de primer modelo a Le Roy Ladurie, mientras que Tocqueville y Aron serán los primeros referentes de Furet. E incluso aquí sólo mencionamos algunos nombres que declaran sus preferencias. Para la mayoría de los que se unen al movimiento de los *Annales*, no es necesario ostentar una ortodoxia, que por otra parte no sería conveniente. Todo el acento está puesto en la metodología, mientras que los debates teóricos siguen siendo excepcionales. Ocurre que, en el marco de ese nuevo empirismo —o, si se prefiere, de ese positivismo crítico—, la eficacia metódica prima absolutamente sobre la teoría: no sólo sobre la filosofía de la historia, tradicionalmente desterrada de la historiografía francesa desde fines del siglo XIX, sino también sobre las condiciones de la producción histórica (inclusive sobre las representaciones ideológicas que la sustentan).[53] Cabe deplorarlo o con-

---

[52] P. Vilar, *La Catalogne dans l'Espagne moderne*, ob. cit.; sus principales textos teóricos fueron reunidos en la recopilación *Une histoire en construction. Approche marxiste et problématiques conjoncturelles*, París, 1982.

[53] La única obra de reflexión crítica que generalmente se cita en esos años (y hasta hoy) es el libro póstumo de M. Bloch, *Apologie pour l'histoire*, París, 1946. En cambio, uno se siente impactado por la ausencia del debate epistemológico y

gratularse, pero lo cierto es que el movimiento experimentó una real eficacia de esa ausencia de condiciones previas, que ante todo se tradujo en su capacidad de reunión.

Añadamos que, contrariamente a la visión que a menudo se tuvo de ellos en el exterior –y eventualmente a la que los *Annales* pudieron dar de sí mismos–, el movimiento nunca tuvo, ni siquiera en esos años militantes, un carácter cerrado, y menos aún exclusivo. Además del hecho de que la Sexta Sección de la Escuela de Altos Estudios, hasta los años sesenta, sigue siendo una institución de tamaño reducido y circunscripta a la periferia del sistema académico, en modo alguno es propietaria de esa manera de hacer historia. Labrousse la integra, pero lo esencial de su actividad se ubica en la Sorbona, y por lo demás siempre se mantendrá a distancia de la revista, en adelante dirigida por Braudel. Las posiciones historiográficas son marcadas, por cierto, pero no erigen barreras infranqueables entre aquellos que las representan. En esos mismos años, Pierre Renouvin es el álter ego de Labrousse en la Sorbona y defiende la concepción renovada de una historia de las relaciones internacionales, que saldría del estricto mar-

---

filosófico anglosajón en Francia (hasta una época muy reciente); incluso, ciertas tentativas de reflexión, como la de H. I. Marrou (*De la connaissance historique*, París, 1954), no provocaron un gran debate entre los historiadores profesionales, para no hablar de P. Ricœur, *Histoire et vérité*, París, 1955 [trad. cast.: *Historia y verdad*, Madrid, Encuentro, 1990].

co de la historia diplomática, que tomaría en cuenta las realidades geográficas y geopolíticas, las dimensiones económicas y demográficas, los hábitos mentales.[54] La historia que él defiende, en apariencia, está muy alejada de la que defienden los *Annales:* está vuelta hacia lo contemporáneo; sobre todo, se interesa por lo político, considerablemente ausente de la revista; por último, en una gran medida se apoya en el público y en los recursos del Instituto de Estudios Políticos. El caso es que entre los grandes barones que dominan la política universitaria francesa, cuando menos por lo que respecta a la historia, la colaboración parece haber sido con más frecuencia la regla que la exclusión.[55] Claro que, en esa época, la universidad francesa es todavía un pequeño mundo, y que quienes se afirman como innovadores siguen siendo, más allá de lo que los separa, minoritarios frente a las inercias del mundo académico.

No por ello vayamos a deducir que todo transcurre en un fondo de unanimidad. Pero lo que es-

[54] Tenemos aquí una reflexión iniciada en los años treinta, en particular sobre la experiencia de la Primera Guerra Mundial, y que encuentra su pleno desarrollo en los cincuenta. Véanse P. Renouvin, "Introduction" a la *Histoire des relations internationales*, París, 1954; P. Renouvin y J.-B. Duroselle, *Introduction à l'histoire des relations internationales*, París, 1964.

[55] Acerca del carácter relativamente abierto del campo universitario, véase el interesante testimonio de R. Rémond, "Le contemporain du contemporain", en P. Nora, *Essais d'egohistoire*, ob. cit., pp. 293-349 (particularmente pp. 317-318).

tructura las posiciones en esos años de tensiones políticas fuertes son las escisiones ideológicas más que las opciones teóricas o incluso metodológicas. Dos ejemplos lo demostrarán claramente. El primero es el de Roland Mousnier y la escuela que comienza a afirmarse entonces bajo su enérgica autoridad. Reina sobre la historia moderna en la Sorbona, tras haberse hecho conocer por una gran tesis sobre la venalidad de los cargos, que proponía la aproximación social a una institución de la monarquía absoluta.[56] La historia que él defiende no es fundamentalmente ajena a la que defienden los *Annales*, en el sentido amplio; sin duda, no es tan moderada, pero trabaja sobre los mismos archivos y también trata de comprender cómo funcionan las sociedades antiguas. Sin embargo, a fines de los años cincuenta, precisamente sobre un conflicto de interpretación muy fuertemente ideologizado, se abre el gran debate que lo opondrá a Labrousse y a sus discípulos, acusados de ser demasiado "economicistas", en todo caso demasiado fácilmente convencidos de que las fuerzas materiales determinan la historia. ¿Eran las sociedades del Antiguo Régimen sociedades de clases o bien de órdenes, como lo pretendía Mousnier al oponer las jerarquías fundadas

---

[56] R. Mousnier, *La Vénalité des offices sous Henri IV et Louis XIII*, París, 1945. El libro está significativamente dedicado a la memoria de Fustel de Coulanges; luego, Mousnier será muy sensible a la influencia de la sociología americana (véase su introducción a R. Mousnier, Y. Durand, J. P. Labatut, *Problèmes de stratification sociale. Deux cahiers de la noblesse (1649-1651)*, París, 1965.

en la estima social, el honor y los lazos de fidelidad a las que descansan en la fortuna, la profesión o la ubicación en el proceso de producción? Mousnier, que se define a sí mismo como un conservador en términos políticos, denuncia el "marxismo" larvado que cree ver en acción en todas partes en la universidad francesa. A una generación de distancia, los términos del debate pueden parecernos muy alejados de nuestras preocupaciones actuales, no por lo que respecta a la reflexión acerca de la índole de la estratificación social, que sigue siendo más actual que nunca, sino en virtud de su sobredeterminación ideológica apenas enmascarada. Durante diez años, de libro en coloquio, de prefacio en defensa de tesis, esta guerra de trincheras historiográficas hará estragos y dejará tras ella cicatrices que aún hoy son visibles. Del conflicto sobre la interpretación de las revueltas "populares" en el siglo XVII al Coloquio de Saint-Cloud, que debía señalar el triunfo de la historia social, habrá movilizado muchos compromisos y energía, sin que los términos en discusión sean necesariamente objeto de una profundización teórica proporcional.[57]

[57] La polémica fue provocada al comienzo por la traducción francesa (bajo los auspicios de la Escuela de Altos Estudios) del libro de B. Porchnev, *Les soulèvements populaires en France de 1632 à 1648*, París, 1963 (el original ruso es de 1948, pero fue conocido a partir de los años cincuenta por su traducción alemana, publicada en 1954). Las actas del Coloquio de Saint-Cloud (1965) fueron publicadas bajo el título *L'Histoire sociale, sources et méthodes*, ob. cit.

El segundo ejemplo es el de la polémica sobre la interpretación de la Revolución Francesa a mediados de los años sesenta, y fue motivado por la publicación del ensayo de dos jóvenes historiadores, François Furet y Denis Richet, que proponen reubicar el acontecimiento-Revolución en la larga duración del desarrollo del siglo XVIII. Furet se formó con Labrousse, y su aproximación se inscribe aún entonces en la perspectiva historiográfica abierta por el *Esquisse*, aunque sea probable que el maestro no haya aprobado todas las proposiciones del discípulo. Por otra parte, la obra insiste en la índole contingente, hasta aleatoria, de ciertos aspectos del proceso revolucionario (en particular, se trata de la famosa hipótesis del "deslizamiento").[58] En Francia, empero, la historia de la Revolución es objeto de una valorización extrema y un campo donde no entra el que quiere. La respuesta, violenta, es dada por Albert Soboul, el último en el linaje de los grandes representantes de la tradición historiográfica jacobina y el guardián del santuario. Él también es alumno de Labrousse, al mismo tiempo que de Georges Lefebvre. También él predica una historia social, que ilustró en su tesis sobre el movimiento *sans-culotte*,[59] así como en una serie de artículos publicados en los *Annales*. El conflicto, pues, es interno al campo de la historia so-

[58] F. Furet, D. Richet, *La Révolution française*, París, 1965-1966, 2 volúmenes.
[59] A. Soboul, *Les Sans-Culottes parisiens en l'an II*, París, 1958.

cial. Político: Soboul milita en el Partido Comunista que Furet y Richet abandonaron en 1956, y donde holgadamente hacen el papel de renegados. Y más profundamente ideológico: alrededor de la Revolución se constituyó una ortodoxia historiográfica que es de naturaleza interpretativa,[60] y que es más determinante, con seguridad, que las decisiones metodológicas sobre las cuales, sin duda, no sería demasiado difícil ponerse de acuerdo.

8. Durante todos estos años, el programa de una interdisciplinariedad empírica centrada alrededor de la historia sigue estando a la orden del día. Frente al lento reconocimiento de las ciencias sociales en el seno de la universidad francesa, durante mucho tiempo conserva sus privilegios de antigüedad, de visibilidad. Con frecuencia, a partir de ella son pensadas las instituciones de ingreso destinadas a reunirlas, confrontarlas, posibilitar la generalización de métodos y resultados. Un informe oficial redactado en 1957 sobre las necesidades de la investigación en Francia, y tras el cual no es aventurado identificar la pluma de Fernand Braudel, imagina una organización en redes flexibles y adaptables:

> sea cual fuere su edad (o su éxito), todas las ciencias humanas son "encrucijadas" o, si se prefiere,

[60] F. Furet hará un brillante análisis de esto en "Le catéchisme révolutionnaire", *Annales*, 2, 1971, retomado en *Penser la Révolution française*, París, 1978, pp. 113-172. La lectura de la Revolución de F. Furet será muy profundamente renovada durante los años setenta, y luego nuevamente durante los ochenta.

puntos de vista diferentes sobre el mismo conjunto de realidades sociales y humanas. Como resultado, al capricho de la coyuntura intelectual, hubo y debe haber fases de acercamiento y de segregación de las diversas ciencias humanas. Las fases de segregación, donde cada una, sumiéndose en su campo particular, lo defiende contra el vecino, corresponden al nacimiento de nuevas ciencias, o sea, nuevos métodos o nuevos puntos de vista: la demografía, la sociología, la etnografía, para citar los ejemplos más recientes. Las fases de acercamiento permiten que las ciencias ya establecidas asimilen esos nuevos resultados. Así se desarrollaron la historia económica y social o la psicología social. Hoy, tras el desarrollo bastante desordenado de varias ciencias nuevas, se impone un acercamiento global, vale decir, una generalización de todo lo adquirido y una superación sistemática de las posiciones antiguas.[61]

Este dispositivo articulado, pues, se propone seguir las transformaciones de hecho del campo científico.

Sin embargo, hasta fines de los años cincuenta, tales transformaciones son lentas. Se verifican ex-

[61] Braudel había sido el encargado de confeccionar la parte de las ciencias humanas y sociales en la preparación del informe presentado por H. Longchambon, presidente del Conseil Supérieur de la Recherche Scientifique et du Progrès Technique [Consejo Superior de la Investigación Científica y del Progreso Técnico] entregado al gobierno francés en junio de 1957. Esta sección del informe fue publicada, bajo la firma de Longchambon, en los *Annales ESC*, 1, 1958, pp. 94-109, con el título "Les sciences sociales en France. Un bilan, un programme" (cita de p. 96).

trañas demoras, desfases sorprendentes. Si desde hace treinta años la reflexión antropológica representa un papel central en las ciencias sociales, la disciplina antropológica no tuvo acogida en el seno de la universidad sino durante los años sesenta. Por otra parte, la obra de Claude Lévi-Strauss, más allá del círculo estrecho de los especialistas, sólo con lentitud encontró su público intelectual: no con la tesis sobre los nambikwara (1948), ni siquiera con las *Estructuras elementales de parentesco* (1949), sino con *Tristes trópicos* (1955) y sobre todo con *Antropología estructural* (1958). Para otro tipo de desarrollos, los plazos de reconocimiento pudieron ser mucho más largos todavía. A las dificultades de la recepción se añaden los problemas específicos ligados a una institucionalización tardía, a menudo incompleta. ¿Debe recordarse que sólo en 1964 las viejas facultades de Letras fueron rebautizadas en Francia "facultades de Letras y Ciencias Humanas"? ¿Y que sólo en los años sesenta la sociología, la etnología, la lingüística propusieron por primera vez cursos completos y autónomos?

Esta minoría de las ciencias sociales demasiado prolongada puede explicar, por lo menos en parte, la extraordinaria violencia, en el recodo de esos mismos años sesenta, de la ofensiva estructuralista en Francia, de la que es sabido que con frecuencia adoptó el aspecto de un antihistoricismo en ocasiones terrorista. Para ello confluían varios elementos: la definición de métodos nuevos, que ponían en práctica procedimientos de trabajo relativamente homogéneos en campos que hasta entonces estaban

separados; la afirmación de opciones teóricas originales; pero también, y tal vez no se insistió lo suficiente en esto, la voluntad de emanciparse, intelectual e institucionalmente, de la tutela de la historia.

Un texto famoso de Braudel da la medida del
debate incluso antes de que realmente se haya en-
tablado. Nuevamente se trata del gran artículo sobre "La longue durée", publicado en 1958, y que reflexiona sobre el estado de las ciencias sociales en
esa fecha. El diagnóstico es sombrío y deja constan-
cia de una "crisis general" de las ciencias, al mismo
tiempo "agobiadas bajo su propio progreso" y ten-
tadas a replegarse sobre sí mismas "en nombre de
su respectiva especificidad". La argumentación se
desarrolla en un doble nivel: reivindicando la índole central de la dimensión temporal en el análisis y
la interpretación de los hechos sociales, cosa que
equivale a recordar el lugar irreductible de la historia en el seno de las ciencias sociales; pero también,
en un plano más estratégico y que traduce una an-
ticipación muy precoz de la crisis venidera, abogan-
do por una concepción minimalista, "ecuménica"
(el adjetivo es de Braudel) y totalmente práctica de
la interdisciplinariedad, a cuyo servicio "la historia
—acaso la menos estructurada de las ciencias del
hombre— acepte todas las lecciones de su múltiple
vecindad y se esfuerce por repercutirlas".[62] Visión

[62] F. Braudel, "Histoire et sciences sociales. La longue durée", ob. cit., p. 42; complétese este texto con el artículo "Uni-
té et diversité des sciences de l'homme", en *Revue de l'enseig-
nement supérieur*, 1, 1960, pp. 17-22, retomado en *Écrits sur
l'histoire*, ob. cit., pp. 85-96.

modesta, sobre todo si se tiene en mente la posición excepcionalmente fuerte que es entonces la del autor y mucho más la de su disciplina: la de un terreno común, de la historia como una suerte de *lingua franca* común. Por lo demás, a corto plazo no bastará para contener la ofensiva estructuralista, pero servirá probablemente para limitar sus daños. Mejor aún, será ella la que inspirará la estrategia de reconquista llevada adelante –siempre de manera empírica, y probablemente sin tener clara conciencia de ello– por los historiadores en el mismo terreno de las ciencias sociales.

No es éste el sitio para detenerse mucho tiempo sobre el episodio estructuralista, que sigue esperando sus historiadores.[63] De hecho cubrió realidades relativamente heterogéneas a despecho de su afirmada unidad. A partir de una base rigurosamente definida –la recuperación y la adaptación al campo de los sistemas de parentesco, por el antropólogo Claude Lévi-Strauss, de técnicas de análisis formales definidas por el lingüista Roman Jakobson para dar cuenta de hechos fonológicos–, el estructuralismo pudo convertirse en muchas cosas: un modelo de gestión para las ciencias sociales (ilustrado, por ejemplo, por la obra del historiador de las religiones Georges Dumézil, que por entonces es objeto de un reconocimiento tardío); la reivindicación de un formalismo generalizado; una "actividad" susceptible de redefinir todas las técnicas del análisis; y

---

[63] Pueden extraerse informaciones útiles de la obra de F. Dosse, *Histoire du structuralisme*, París, 1991-1992, 2 volúmenes.

también una moda intelectual devoradora. El estructuralismo habrá sido todo eso, pero ante todo fue un nuevo cientificismo, como Lévi-Strauss lo recuerda enérgicamente, ubicando su empresa del lado de las ciencias duras por oposición a las técnicas tradicionales del análisis en las ciencias humanas.[64] Y además, también habrá sido una ideología científica intrusiva, capaz de atraer prácticas diversas, pero todas ellas ávidas de referirse a un modelo teórico que aparecía como tranquilizador en sus certezas: el marxismo revisitado en esos mismos años por Althusser es un buen ejemplo de esto, con el corte que él marca entre los enunciados que dependen de la ciencia y los que dependen de la ideología. El éxito de este modelo, sin duda, radica en múltiples razones: el rigor proclamado de un desarrollo, con seguridad; pero también la fascinación que pudo ejercer cierto formalismo sobre intelectuales decepcionados por las astucias de la historia real, en la cual, con frecuencia, habían creído que podían cifrar sus expectativas.[65] En cualquier caso, todo ocurre como si resurgiera el proyecto de unificar las ciencias sociales alrededor de un método único y prescriptivo, el mismo que Durkheim y los durkheimianos habían intentado llevar a cabo a comienzos de siglo. Al régimen de interdisciplinarie-

[64] Véase, por ejemplo, C. Lévi-Strauss, "Critères scientifiques dans les disciplines sociales et humaines", en *Revue internationale des sciences sociales*, 16, 1964, pp. 579-597.

[65] Véase F. Furet, "Les intellectuels français et le structuralisme", en *Preuves*, 92, 1967, pp. 3-12, retomado en *L'Atelier de l'histoire*, ob. cit., pp. 37-52.

dad flexible, fundamentalmente empírico, que habían predicado e ilustrado las dos primeras generaciones de los *Annales*, ahora se opone una epistemología unitaria –cuando menos en sus proclamas– y que arroja al infierno de la empiria todas las prácticas eruditas que parecían resistírsele, aunque fuera pasivamente. Sin duda, no es un azar si la nueva proposición, la mayoría de las veces, proviene de disciplinas todavía marginales, en todo caso minoritarias en el interior del sistema académico (la antropología, la lingüística, la semiótica, en un menor grado la sociología) o que ni siquiera tienen su lugar (el psicoanálisis): encontramos un esquema homólogo al que conocimos medio siglo antes.[66] Y una vez más, pero ésta por otras razones, la historia vuelve a estar en el banquillo de los acusados. Lévi-Strauss la redujo a una función esencialmente cronológica, sin llegar a las operaciones de conocimiento propiamente científicas: "toda su originalidad y especificidad se hallan en la percepción de la relación del antes y el después".[67] Más ampliamente, el conjunto de los análisis que entonces se desarrollan se dedican a definir una gramática de los enunciados y las relaciones que identifica las realidades sociales con procesos sin sujetos y parece no oponerse a la perspectiva histórica.

[66] Sin duda, tampoco es un azar si la mayoría de quienes reivindican el análisis estructural son filósofos de formación, que pasaron a la práctica de las ciencias sociales, cosa que durante mucho tiempo ocurrió con los etnólogos y sociólogos en Francia.

[67] C. Lévi-Strauss, *La Pensée sauvage*, París, 1962, cap. IX.

La historiografía que se desarrolló alrededor de los *Annales*, sin embargo, va a resistir a pie firme esta ofensiva imperiosa. Para ello hay una doble razón. La primera remite a las concepciones mismas de un movimiento del que ya se ha dicho que no estaba tan preocupado por dar cuenta de las formas y modalidades del cambio social como por la identificación de sistemas estables. En todo caso, lo hemos visto, algunos trabajos llevados a cabo en el campo de la historia económica bajo la tutela de Labrousse y Braudel. Se encontrará una ilustración de esto más expresiva todavía en la concepción de una historia de las mentalidades, tal y como fue propuesta, muy tempranamente, en particular por Lucien Febvre. El proyecto se arraigó en una crítica sistemática de la historia de las ideas, tal como era practicada por los literatos y los filósofos. Febvre les reprochaba el encerrarse en debates abstractos e intemporales y el adherir al pasado códigos de lectura anacrónicos, en particular porque se obstinaban "en falsear la realidad psicológica de entonces" apelando a categorías demasiado generales. No dejó de denunciar a

> aquellos que –dedicándose a reconsiderar por cuenta propia sistemas que en ocasiones tienen una antigüedad de varios siglos, sin la menor preocupación por señalar su relación con las otras manifestaciones de la época que los vio nacer– de este modo llevan a cabo muy exactamente lo contrario de lo que reclama un método de historiadores. Y que, ante esos engendros de conceptos surgidos de inteligencias desencarnadas,

y que luego viven su vida propia fuera del tiempo y el espacio, anudan extrañas cadenas de eslabones irreales y cerrados a la vez.[68]

A una historia que pretendiera atenerse únicamente a las ideas y aceptara las obras culturales por aquello por lo cual se dan, que se satisficiera pensando en términos de creación, filiación e influencias, oponía otro proceder, que reubicaría las ideas, las obras y los comportamientos en el seno de las condiciones sociales en las que aparecen. No porque en él hubiese existido la menor tentación de un determinismo que redujera lo cultural y lo social; muy por el contrario, se preocupó cuidadosamente por no hacerlo. Más bien se trata de comprender el conjunto de los hechos culturales como uno de los componentes de una "red complicada y movible de hechos sociales" en constante interacción; de caracterizarlo, por otro lado, como un sistema coherente de instrumentos y signos, que debe ser comprendido no en su proximidad sino en su irreductible distancia: "De hecho, un hombre del siglo XVI debe ser inteligible no en su relación con nosotros sino respecto de sus contemporáneos". Al remontar de las manifestaciones de una cultura a las condiciones de su posibilidad, uno se otorgaría así los medios de comprender su unidad –su "estructura", escribe Febvre en su *Rabelais*

---

[68] L. Febvre, "Les historiens de la philosophie. Leur histoire et la nôtre", en *Revue de Synthèse*, I, 1932, pp. 97-103, retomado en *Combats pour l'histoire*, París, 1953, pp. 276-283 (p. 278).

Annales school well placed to resist structuralism.

(1942)– y su especificidad. No se trata de sugerir aquí que los *Annales* fueron estructuralistas de vanguardia, cosa que sería difícilmente sustentable, sino que el tipo de análisis que desarrollaron, con seguridad, estaba mejor preparado que otros para enfrentar el momento estructuralista y resistir la ofensiva.[69]

La segunda razón remite a la estrategia desarrollada espontáneamente por los historiadores frente a los compañeros que se han vuelto molestos. Consistirá en desplazarse a los terrenos de las otras ciencias sociales, reconocer sus adquisiciones e intentar con ellas formas inéditas de alianzas, hasta de hibridaciones.[70] La antropología histórica que levanta vuelo en esos años –y que, en muchos aspectos, toma el relevo de la historia de las mentalidades en su estilo original, tras una larga interrupción– aquí puede adoptar el valor de ejemplo. Escoge sus objetos –los sistemas familiares, pron-

---

[69]   Se encontrará una ilustración concreta, entre otras, en la calurosa acogida que los *Annales* reservaron a la *Historia de la locura* de M. Foucault (1961) bajo la pluma de R. Mandrou y F. Braudel, aunque fuese al precio de una propuesta un poco problemática de la obra ("Trois clefs pour comprendre la folie à l'âge classique", en *Annales ESC*, 1962, pp. 761-772). Acerca de la índole ambigua de esta recepción, véase J. Revel, "Le moment historiographique", en L. Giard (comp.), *Lire Foucault*, París, 1992, pp. 83-96.

[70]   Acerca de este punto, véase el interesante análisis de R. Chartier, "Intellectual History or Sociocultural History? The French Trajectories", en D. La Capra y S. L. Kaplan (comps.), *Modern European Intellectual History: Reappraisals and New Perspectives*, Ithaca-Nueva York, 1982, pp. 13-46.

to las producciones mitológicas, y, más ampliamente, las de lo imaginario– en el repertorio que es el campo de elección de los antropólogos; más aún: fiel a la vieja modalidad del préstamo, toma prestados conceptos, modos de construcción y tratamiento de sus objetos a la antropología. Trabajos ya existentes encuentran así una pertinencia renovada: fuera de los de Dumézil en el campo de los estudios indoeuropeos, es lo que ocurre, por ejemplo, con las investigaciones de Vernant, que se refieren a los sistemas de pensamiento y el material mitológico de la Grecia antigua. Serán seguidos por toda una generación de investigadores (Vidal-Naquet, Detienne, pero también, sobre la materia medieval, Le Goff). La comparación entre historia y antropología es lo más espectacular. Lo más fecundo y duradero también, a partir de fines de los años sesenta. Pero no lo único. En el mismo momento, se asiste a tentativas para reformular los términos de la relación entre historia y lingüística (Robin), entre historia y psicoanálisis (en sentidos muy diferentes, Besançon y De Certeau), que no desembocarán en el mismo éxito. El althusserismo inclusive, no obstante endurecido por los discípulos del filósofo, encuentra un eco entre los historiadores, aunque aquí se trate de la versión más antihistórica de la lección estructuralista: la definición de la ideología, ¿no es acaso retomada por su cuenta por historiadores de primer nivel, como el medievalista Duby? Sin duda, hay que tener en cuenta la moda, y ante todo la de las palabras. Luego, el prestigio de las grandes obras asociadas al estructuralismo, de Barthes a Lévi-Strauss y a Foucault. Por último, habría que estar atento a la diversidad, y en ocasiones a la heterogeneidad de las proposiciones que se resguardan bajo la bandera estructuralista, y que facilitó tales operaciones. No es menos cierto por ello que de la fascinación que este último ejerció en profundidad sobre los historiadores nace un conjunto de reformulaciones que permitirán que la historia siga presente en el diálogo entre las ciencias sociales del que la habían creído excluida.

Estrategia espontánea, sin un cálculo premeditado, la cuestión no despierta dudas: su eficacia fue mayor. En todo caso, permitió atravesar una década difícil, mejor aún, encontrar nuevos apoyos. En este debate, la obra de Michel Foucault habrá desempeñado un papel esencial. En muchos aspectos, está más cerca de los historiadores y juega con esta proximidad para tomar distancia provisionalmente de su disciplina de origen, la filosofía, aunque sea al precio de aceptar los malentendidos y ambigüedades que trae aparejados la lectura de sus libros desde un punto de vista histórico. Pero va más lejos. *La arqueología del saber* (1969), sobre todo en sus primeros capítulos, propone una aproximación entre su propio desarrollo y aquellos ilustrados por los *Annales*, instalando en el centro de su análisis el estudio de las series, de los sistemas y las discontinuidades en el seno de las formaciones discursivas, temas que retomará al año siguiente en su lección inaugural en el Collège de France, *El orden del discurso*. Se trata de una caución, mejor aún, un reconocimiento. En 1971, los *Annales* pueden tomar el riesgo de asumir frontalmente la medida del debate y trazar un estado del paisaje tras la batalla, con un número especial titulado "Histoire et structure", en el cual colaboran varios de los grandes nombres del estructuralismo, y que se abre con un acta de fin de las hostilidades: "La guerra entre la historia y el estructuralismo no se llevará a cabo". Sacando provecho de una "coyuntura de apaciguamiento", sugiere una reformulación de los desafíos:

> Si el rechazo de la historia pareció cristalizar ese movimiento difuso, garantizarle cierta cohesión, es porque para esas disciplinas se trataba ante todo de quebrar el molde historicista en el que habían sido fundidas: aquel que desplaza constantemente el análisis del estudio del fenómeno hacia su génesis [...]; el que fuerza también a los diferentes tipos de aproximación a devolverse la pelota mediante un incesante recurrir al razonamiento dialéctico (explicación por las causas exteriores).

Pero lo hace para concluir que "el reflujo hacia la historia ya se bosqueja". Y también para reunir a los protagonistas sobre el terreno reivindicado por el movimiento de los *Annales* desde el origen:

> Si el análisis estructural consiste en descubrir permanencias, en poner de manifiesto tras la aparente dispersión de los datos "un sistema de transformaciones que implica leyes en cuanto sistema", los historiadores están realmente forzados a reconocer, a riesgo de aparentar que

reivindican un nuevo derecho de primogenitu-
ra, que ese desarrollo les resulta desde hace
mucho familiar.[71]

Decididamente, la guerra ha terminado.

9. Por consiguiente, parece haber llegado el tiempo de barajar y dar de nuevo, que por otra parte
corresponde a un pasaje de generaciones entre los
historiadores. En 1965, Labrousse se retira de la
Sorbona, donde es reemplazado, sólo por algunos
años, por Pierre Vilar. Braudel deja el Collège de
France y la presidencia de la Escuela de Altos Estudios en 1972; en 1969 entrega la dirección de
los *Annales* a un triunvirato de historiadores mucho más jóvenes, el medievalista Jacques Le Goff
(que lo reemplazará en la presidencia de la Escuela), el modernista Emmanuel Le Roy Ladurie (que
tomará su relevo en el Colegio) y el contempora-
neísta Marc Ferro (que estaba a cargo del secreta-
riado de la revista desde 1964). Pero, por supuesto, la renovación es más amplia y profunda: se
trata entonces de la generación de los estudiantes
formados en la inmediata posguerra que masiva-
mente viene a ocupar las cátedras de historia, tanto en París como en provincias. Esta renovación de
los cuadros es tanto más sensible cuanto que coincide con un espectacular crecimiento de las posiciones académicas, posterior a la crisis universitaria de 1968: entre 1967 y 1983, multiplica por dos

[71] A. Burguière, "Présentation" del número "Histoire et
structure", *Annales ESC*, 3, 1971.

el número de titulares de cátedras como de ayudantes y adjuntos.[72] La disciplina histórica, pues, sigue estando más presente que nunca, y excesivamente presente en las universidades, donde ejerce una atracción fuerte sobre los estudiantes, cuyos efectivos aumentan mucho más rápido todavía que los docentes. Es también el tiempo de una multiplicación de los trabajos universitarios.

A estas determinaciones profesionales responden condiciones favorables que no son propias de Francia pero que aquí adquirieron un relieve particular. Los años setenta son la época de una demanda pública de historia que supera con creces los círculos académicos. La erupción de 1968 puede ser tomada aquí como un punto de referencia. Pero una referencia ambivalente. Por un lado, el movimiento social (que partió de la universidad, ¿es preciso recordarlo?) se propuso dar forma a un futuro utópico pensado en los términos de una liberación de las coerciones sociales. Por el otro, puede ser comprendido como un rechazo a la sociedad contemporánea, creadora de una red cada vez más densa de tales coerciones colectivas e individuales. Algunos años más tarde sobrevienen los comienzos de la crisis económica mundial. En Francia es el fin de los "Treinta gloriosos" y la en-

---

[72] De hecho, este crecimiento comenzó desde mediados de los años sesenta. Véase D. Roche, "Les historiens aujourd'hui. Remarques pour un débat", en *Vingtième Siècle. Revue d'histoire*, 4, 1986, pp. 3-20.

trada en un tiempo de recesión que, con fluctuaciones, durará hasta nuestros días. El optimismo de las décadas de la posguerra se borra para dejar sitio a una incertidumbre sobre el sentido de esa historia que uno había creído dominar. El progreso, referencia central de los tiempos de transformación rápida, no aparece ya como un valor seguro. El presente es incierto; el futuro, opaco. El pasado se convierte en un valor de refugio. De ello resulta una mutación de la relación que nuestras sociedades contemporáneas mantienen con él y de lo que podría llamarse el régimen de historicidad. A la historia ya no se le piden lecciones, precedentes, así como tampoco elementos de desciframiento del presente, sino un refugio contra las incertidumbres del tiempo que corre. Se convierte en el lugar de un exotismo, de una utopía retrospectiva que se interesa por un otra parte absoluto, como ocurre, en el mismo momento, con la literatura etnológica.

Esta mutación trae aparejada una transformación muy profunda del público de los historiadores. Desde fines del siglo XIX existían clásicamente en Francia dos tipos de lectores de historia. Por un lado, lo que se llamaba, con un término un poco despectivo, el "gran público", al que se reservaba una "pequeña historia" cuya legitimidad era débil; por el otro, una producción erudita reservada a los especialistas y aficionados esclarecidos, a grandes rasgos, a quienes eran sus productores efectivos o potenciales. Sin embargo, esta distribución sencilla es cuestionada durante esos años. Por primera vez desde Michelet, Taine, Renan o Jaurès, determinados trabajos profesionales encuentran un público que se extiende más allá de toda proporción. El éxito del *Montaillou*, de Emmanuel Le Roy Ladurie (1975), adquiere aquí un valor emblemático, aunque sea excepcional y nada seguro que los doscientos mil compradores de esta austera investigación sobre una comunidad de los Pirineos medievales hayan leído todo o parte de las seiscientas páginas apretadas de la obra. Pero, después de todo, poco importa. Fuera de que, en materia de bienes culturales, a menudo posesión equivale a título, resulta capital que tantas personas se hayan convencido de que ese libro, al que pronto le seguirán otros, les estaba destinado. La proliferación de los best séllers históricos,[73] la multiplicación de las colecciones de historia, la diversificación de los productos, más allá del libro, en la prensa, la televisión, el cine, la intervención incesante de los historiadores en debates públicos cada vez más exteriores a su competencia profesional, en nombre de una magistratura intelectual y moral supuesta: son indicios convergentes de un encuentro un poco milagroso entre la historia erudita y la sociedad que la convierte entonces en su posesión. Proba-

[73] Puede ser suficiente con evocar aquí el éxito público de empresas colectivas como la *Histoire de la France rurale*, París, 1973-1976; de la *Histoire de la France urbaine*, París, 1980-1985; de la *Histoire de la vie privée*, París, 1984-1986; de los tres gruesos volúmenes de F. Braudel, *Civilisation matérielle, économie et capitalisme*, París, 1979; del libro de G. Duby, *Le Chevalier, la femme et le prêtre*, París, 1981, etcétera.

102

blemente, estas bodas no están llamadas a durar demasiado. Pero no por ello dejaron de otorgar un poderoso impulso a la disciplina.

La historia que fascina a esos nuevos lectores es precisamente esa "historia inmóvil" que Le Roy Ladurie convierte, en 1973, en el título de su lección inaugural en el Collège de France.[74] Se descubren en el pasado formas y valores de lo social que hasta entonces habían sido desdeñados o, por lo menos, considerados como secundarios. Nada lo hace sentir mejor que la trayectoria de un historiador como Philippe Ariès.[75] "Historiador dominguero", según sus propios términos, construyó su obra fuera de la universidad antes de disfrutar de un reconocimiento tardío. A esta primera marginalidad añadía una segunda: venía de una extrema derecha política que, por lo menos desde la Segunda Guerra Mundial, no tenía mucho derecho de ciudadanía en el mundo académico. Sin duda, así se explica que sus primeros libros no hayan sido muy bien recibidos, pese a su novedad, más allá del círculo limitado de aquellos que compartían sus ideas. El éxito público de su obra, de hecho, no data de su

---

[74] E. Le Roy Ladurie, "L'histoire inmobile", *Annales ESC*, 3, 1974, pp. 673-692, retomado en *Le Territoire de l'historien*, II, París, 1973, pp. 7-34.
[75] Recordemos las principales obras de P. Ariès (1914-1984): *Les Traditions sociales dans les pays de France*, París, 1943; *Histoire des populations françaises et de leurs attitudes devant la vie*, París, 1946; *Le Temps del'histoire*, París, 1954; *L'Enfant et la vie familiale sous l'Ancien Régime*, París, 1960; *L'Homme devant la mort*, París, 1977.

gran libro, *La infancia y la vida en el Antiguo Régimen* (1960); sobreviene diez años más tarde, en el momento en que la izquierda (y más aún, la extrema izquierda) vuelve a descubrir en la vida cotidiana y la experiencia histórica esas realidades que consideraba tradicionalmente como desdeñables: la familia, las solidaridades orgánicas, las maneras de estar juntos, la sociedad sin el Estado. Ese destino solitario aquí sólo nos sirve como indicio. Pero debe comprenderse en qué el éxito de la "nueva historia" fue la expresión de una sensibilidad colectiva profunda. No es seguro que los historiadores que se beneficiaron con ella lo hayan comprendido siempre bien en el momento, pero sí lo es que vivieron esos años como el tiempo de reencuentros inesperados con el público.

Otro factor externo de este crecimiento es la penetración de la historiografía francesa en el plano internacional. Por cierto, no se trata de un comienzo absoluto. En los congresos internacionales gozaba del beneficio de una presencia fuerte y respetada desde hacía mucho tiempo. En los años cincuenta, por otra parte, la influencia de Braudel se había afirmado en los países mediterráneos –sobre todo en España e Italia– por razones evidentes: su historia tenía que ver con el revuelo provocado por su gran libro. Lo cierto es que todo cambia de dimensiones ese año con el reconocimiento de los *Annales* en el mundo anglosajón –en particular en los Estados Unidos, que hasta entonces habían sido reticentes, hasta escépticos, ante las proposiciones provenientes de allende el Atlántico—.[76] La traducción de *El Mediterráneo...* en 1973, y el éxito que conoció inmediatamente, puede servir aquí de referencia, que luego continúa con un esfuerzo de divulgación, de traducciones, que a su vez ejerce sus efectos sobre una parte de la historiografía americana.[77] Los *Annales* están de moda, y van a seguir estándolo durante una buena decena de años, cosa que, bien pensada, no es nada desdeñable para una moda. Sin embargo, la moda no explica todo. O más bien sirve de revelador a transformaciones más amplias y profundas. En los Estados Unidos contribuye al reconocimiento de historiadores y obras que entonces pasan al primer plano y cuyos lazos con la historiografía francesa son más antiguos: es el caso de Natalie Zemon Davis, cuyo primer libro, *Society and Culture in Early Modern France* (1975) [*Sociedad y cultura en la temprana Francia moderna*] es inmediatamente saludado de ambos lados del océano; luego, un poco más tarde, de Robert Darnton, cuyo *Business in the*

[76] Véase, por ejemplo, la reseña severa de B. Bailyn, "Braudel's Geohistory - a Reconsideration", *Journal of Economic History*, 11, 1951, pp. 277-282.

[77] Hay que observar aquí el papel representado por la publicación de recopilaciones temáticas de artículos extraídos de los *Annales* publicados a iniciativa de dos historiadores de Francia, R. Forster y O. Ranum, por la Johns Hopkins University Press. Una presentación irónica, pero más bien indulgente y en todo caso bien informada, es propuesta por J. H. Hexter justo antes de la publicación de la traducción americana de *La Méditerranée*: "Fernand Braudel and the *Monde Braudellien*", *Journal of Modern History*, 44, 1972, pp. 480-539.

Enlightenment (1979) [*Negocios en la cultura*] está tan estrechamente ligado a las investigaciones francesas sobre la cultura del libro en el siglo XVIII. Lo seguirán muchos otros, es sabido. Pero las corrientes en modo alguno tienen un sentido único, y esas obras ejercerán de rebote una influencia considerable sobre las temáticas y procedimientos de los historiadores franceses. Lo que ocurre de hecho, a partir de los años setenta, es una internacionalización de los debates y los intercambios historiográficos. Las ideas, los libros y, *last but not least*, las personas circulan como nunca antes. De ello resulta una generalización de los debates, de las preguntas y las soluciones propuestas, de las referencias y los conceptos que sin duda carecía de precedentes desde el siglo XIX. No infiramos de esto una nivelación de las particularidades nacionales en la producción histórica, ni mucho menos. Pero en adelante la circulación y la confrontación son la regla. Una vez más, es evidente que hay que barajar y dar de nuevo. En lo inmediato, esto será ventajoso para los *Annales*, que se convierten entonces en una referencia obligada.

A estas razones externas responden un crecimiento y una diversificación internas del movimiento, que traducen un dinamismo excepcional de la disciplina. Precisamente en 1973, Emmanuel Le Roy Ladurie decide dar a una recopilación de artículos el título *Le Territoire de l'historien* [*El territorio del historiador*]; la metáfora espacial sugiere al mismo tiempo la intrepidez del explorador y una suerte de imperialismo conquistador. De hecho, la renovación del repertorio de los objetos parece ilimitada. No es cuestión de trazar aquí el inventario. Pero puede tomarse como ejemplo la obra colectiva *Faire de l'histoire*, publicada un año después bajo la dirección de Jacques Le Goff y Pierre Nora. Se trata de una colección de contribuciones, en cuanto a lo esencial, obras de la generación que acaba de llegar a puestos de responsabilidad, y que está destinada a ilustrar la variedad de las historias que en adelante parecen posibles. Esta empresa editorial, por otra parte muy cuidada, carece de ambiciones enciclopédicas. La obra no pretende ser

> un panorama de la historia actual. [...] El campo histórico hoy carece de límites, y su expansión se opera según líneas o zonas de penetración que dejan entre sí espacios agotados o yermos; únicamente nos interesaron las avanzadas, ya practicadas por muchos historiadores, solamente algunos de los cuales dan aquí testimonio.[78]

El conjunto se propone "ilustrar un tipo nuevo de historia". Sin duda, se refiere reverenciosamente a los padres fundadores –Bloch, Febvre, Braudel–, pero rehúsa inscribirse en ninguna ortodoxia, "así fuera la más abierta". Parece llegado el momento de capitalizar medio siglo de innovaciones, pero sin limitarse a los espacios que hasta entonces fueron privilegiados. En cambio, es fuerte la con-

---

[78] J. Le Goff y P. Nora, "Présentation" de *Faire de l'histoire*, París, Gallimard, 1974, 3 vol., p. IX.

vicción de que el dar de nuevo abre posibilidades desconocidas al tomar debida nota de la "dilatación del campo de la historia". La composición de estos tres volúmenes ilustra dicho programa. Combina temáticas tradicionales, a propósito de las cuales se trata de demostrar las avanzadas de la investigación y la reformulación de las problemáticas (la religión, la ciencia, el arte, la política, la economía), la presentación de objetos o campos inéditos (del clima a la fiesta, del cuerpo a la cocina, del libro al inconsciente) y, más raramente, una reflexión epistemológica sobre el oficio de historiador (es el caso de Furet, a propósito de la historia cuantitativa, y, sobre todo, el de De Certeau, en un gran texto sobre "la operación historiográfica"). El conjunto es ecléctico y, a veinte años de distancia, su coherencia resulta a veces incierta. Pero probablemente no esté allí el desafío, o más bien los desafíos.

El verdadero objetivo de la empresa es ante todo hacer conocer a un público dilatado la amplitud y la diversidad de los intereses de los historiadores (recordemos que no se trata de una obra erudita sino de un volumen compuesto por historiadores profesionales dirigido al público "cultivado"). En segundo lugar, sugerir que nos encontramos en presencia de una nueva fundación, que integra las adquisiciones anteriores sin renegar de ellas pero que está destinada a superarlas. El vocablo de "nueva historia", que aparece entonces y al que le está reservada una rápida fortuna, lo expresa a las claras: debe permitir la recepción de proposiciones de origen historiográfico (e institucional) diversas, algunas de las cuales podían ser percibidas como ajenas a la tradición de los *Annales:* de ello dan fe dos artículos sobre lo político y, sobre todo, el ensayo de Pierre Nora sobre el acontecimiento, uno de los falsos objetos tipo del historiador tanto para Simiand como para Braudel. Por cierto, nunca existió una "escuela de los *Annales*", se ha intentado mostrarlo; pero la "nueva historia" servirá para una agrupación mucho más vasta y difusa todavía. Con ella, la innovación se convierte en la regla común. Puede ser que también se vuelva más trivial.[79]

Lo cierto es que las cosas cambian. El campo que entonces se bautiza como "antropología histórica" pasa al primer plano y moviliza una buena parte de los intereses de los investigadores. Es heterogéneo: toma el relevo de la historia de las mentalidades al mismo tiempo que inventa una nueva gama de objetos: las estructuras familiares –en el sentido amplio– las actitudes ante la vida y la muerte, las aventuras del cuerpo, el inmenso campo de las representaciones colectivas, los ritos y los mitos, las formas de la creencia, las práctic as eco-

---

[79] Tal vez a ello se deba el hecho de que uno se sienta obligado a redactar inventarios de tipo enciclopédico de manera periódica y a un ritmo relativamente acelerado: véase el colectivo *Aujourd'hui l'histoire*, París, 1974; J. Le Goff, R. Chartier, J. Revel (comps.), *La Nouvelle histoire*, París, 1978; A. Burguière (comp.), *Dictionnaire des sciences historiques*, París, 1986. Por lo demás, de uno a otro de dichos volúmenes reaparecen frecuentemente las mismas firmas.

nómicas, etcétera. La antropología resulta entonces la compañera privilegiada de la historia, como
antes que ella, alternativa o simultáneamente, lo
habían sido la geografía, la sociología, la economía.
Sin duda lo debe a sus méritos, y ante todo a los
instrumentos conceptuales que pone a disposición
de los historiadores. Pero igualmente aprovecha el
cambio de lo que más arriba se llamó régimen de
historicidad: la perspectiva antropológica resulta
conveniente para pensar en un mundo donde al
pasado se lo considera como referencia absoluta y
donde la historización de lo contemporáneo se
vuelve obsesiva. La oposición entre las sociedades
"calientes" –las sociedades históricas, según la ter-
minología de Lévi-Strauss– y las sociedades "frías",
sin historia, aparece menos profunda, menos per-
tinente.

Los usos de la antropología, por otra parte, no
están unificados. Tan pronto se trata de pedirle
prestado un cuadro conceptual: a todas luces es el
caso de los trabajos sobre la familia y el parentesco,
o incluso de aquellos que se dedican a replantear-
se los funcionamientos de las economías históricas
a partir de Polanyi o de Sahlins. Se trata de utilizar
un instrumento de análisis, que con frecuencia es el
del análisis estructural de los mitos tal y como lo
ilustró Lévi-Strauss en los cuatro volúmenes de sus
Mitológicas: después de Vernant, Vidal-Naquet, Le
Goff, muchos otros lo intentarán. Pudo desembocar en verdaderos hallazgos, que terminaron en una
renovación de todo un sector de la historiografía:
esto ocurrió con la noción de "sociabilidad", que, a

partir de los trabajos de Agulhon, contribuyó poderosamente a reconsiderar las tradiciones políticas francesas a partir de formas sociales particulares.[80] Una pequeña cantidad de historiadores llega a una redefinición completa de su objeto de investigación a partir de un cruzamiento entre los desarrollos de la antropología y de la historia: en particular, es lo que ilustra la amplia investigación lanzada en el dominio andino por Wachtel.[81] En algunos casos, puede desembocar en la puesta en práctica de una perspectiva comparatista que, a partir de Marc Bloch, fue más a menudo proclamada que practicada.[82] Pero también debe reconocerse que, en ciertos casos, la antropología histórica pudo servir de pantalla a prácticas más tradicionales –y, por supuesto, respetables– por el lado de la historia rural o los comportamientos culturales y, más generalmente, de las mentalidades. Pero incluso en tal caso, el del injerto más superficial, la "antropologización" de

[80] Véanse en particular M. Agulhon, *Pénitents et francs-maçons de l'ancienne Provence*, París, 1968; *La République au village*, París, 1970; *Le Cercle dans la France bourgeoise, 1810-1848. Étude d'une mutation de sociabilité*, París, 1977.

[81] Señalemos las obras que jalonan este largo y complejo itinerario de investigación y que muestran su constante profundización: *La Vision des vaincus*, París, 1971; "Anthropologie historique des sociétés andines", La Foi du Souvenir, París, 2001, número especial de los *Annales ESC*, 5-6, 1978 (codirigido con John Murra); *Le Retour des ancêtres*, París, 1991 [trad. cast.: *El regreso de los antepasados*, México, Fondo de Cultura Económica, 2001.

[82] Véase, por ejemplo, M. Cartier (comp.), *Le Travail et ses représentations*, París, 1984.

los objetos de la investigación es significativa de un cambio de la mirada.

Estos años también son testigos del crecimiento de las aproximaciones culturales. La posguerra había conocido una suerte de consenso, raramente explicitado por otra parte, para reconocer a las realidades económicas y sociales un papel predominante en la aproximación a los procesos históricos. Sin explicitarlo más, los intereses de los historiadores –inclusive en muchos de aquellos que ante todo se habían ejercitado en la historia de las realidades "pesadas"– se inclinan precisamente por el lado de lo sociocultural.[83] En lo sucesivo, es en lo imaginario, en los sueños, en la fiesta, en las representaciones de lo social donde se espera la inteligibilidad de las sociedades, aunque a menudo se vacile acerca de la articulación entre los diferentes registros del análisis histórico. La transferencia, en todo caso, es masiva. En los *Annales*, durante los veinticinco años precedentes, los estudios de historia cultural (incluyendo las mentalidades) consistían, como promedio, en menos del 10% del material publicado; a mediados de los años setenta, ese porcentaje más que se triplicó. Y las cosas no quedarán ahí.

La dinámica de los años setenta no sería comprensible, por último, sin tener en cuenta cierto op-

---

[83] Al respecto, el itinerario de Le Roy Ladurie es totalmente significativo, de los *Paysans de Languedoc* (1966) a *Montaillou* (1975) y al *Carnaval de Romans* (1979). Pero en modo alguno está aislado.

timismo metodológico, que casi se podría calificar de tecnológico, y que contrasta con la morosidad circundante. Hemos visto el papel que la medida de los hechos sociales había representado en el período anterior. Pero hete aquí que ahora dispone de medios nuevos con la introducción –de hecho lenta y un poco caótica– de la computadora en la panoplia del historiador, que ofrece recursos incomparables respecto de las técnicas de que podían disponer el primer Labrousse (¡un lápiz y papel!) y hasta los equipos de la posguerra (la máquina de calcular). En adelante se tiene la posibilidad de grabar, conservar y tratar cuerpos de datos hasta entonces inaccesibles debido a su tamaño y complejidad. Para nosotros, tales operaciones se han vuelto acostumbradas y casi triviales. Pero no lo son desde hace tanto tiempo. Se lanzan entonces grandes empresas, algunas de las cuales tendrán brillantes resultados, como, por ejemplo, la investigación sobre la enorme fuente del *Catasto* florentino de 1427 realizada en forma conjunta por Christiane Klapisch y David Herlihy.[84] En lo inmediato, la primacía de lo cultural no trae aparejada ninguna renuncia a la cuantificación y la serie. Por el contrario, se comparte la impresión de que en adelante es posible "pesar" los comportamientos, las representaciones y los objetos como se lo había hecho desde hacía mucho tiempo con los precios y las producciones. Tras las huellas de Vovelle, se enca-

---

[84] D. Herlihy y C. Klapisch, *Les Toscans et leurs familles. Une étude du Catasto florentin de 1427*, París, 1978.

ra, sin mayores problemas de conciencia, el inmenso depósito de los archivos notariales, al mismo tiempo que otros enfrentan los cúmulos de estadísticas abandonadas tras ellos por el Antiguo Régimen y el siglo XIX. Profeta de este nuevo curso, Le Roy Ladurie cree poder predecir que "el historiador del año 2000 será programador o no será nada". Posiblemente se haya equivocado, pero por lo menos, a su manera, habrá dado la tonalidad predominante en esos años.

10. Por lo tanto, todos los indicadores parecen registrar un crecimiento espectacular a partir de los años setenta. Sin embargo, este crecimiento resultará difícil de controlar. En todo caso, a largo plazo conlleva un malestar y un conjunto de interrogantes sobre la disciplina histórica y el ejercicio de la historia que se han vuelto patentes en los últimos diez o quince años.

Los primeros motivos del malestar, a todas luces, están ligados a los mismos progresos de la investigación histórica, que no dejó de avanzar por anexiones y acumulación. Multiplicó sus objetos, tomó mucho en préstamo de los intereses y procederes de las otras ciencias sociales, se subdividió en toda una serie de subdisciplinas (cuyo estatus y, más simplemente, pertinencia, por otra parte, pueden ser de muy diversa índole). Aquí la tenemos, ahora, a la cabeza de un inmenso territorio, en constante expansión. Pero ya no lo domina: es el precio de la conquista. Son muchos quienes, intuitivamente primero, perciben que en esta política de conquistas ilimitadas la historia corre el riesgo de perder, si no su alma, sí su proyecto y unidad. Al acumular las riquezas sin ser capaz de organizarlas, asume el riesgo de dispersarse en una multitud de historias particulares que deja de ser posible articular entre sí. Es la evolución que en ocasiones se ha descripto como un "estallido de la historia", para congratularse primero, antes de pasar a una tonalidad más pesimista al denunciar el peligro de una "historia en migajas".[85] Hagamos a un lado la dimensión polémica de estas definiciones. A mi juicio, tanto una como otra tienen el inconveniente de confundir dos realidades sensiblemente diferentes: por un lado, la vitalidad de una investigación que no deja de multiplicar sus intereses y esferas de trabajo, y que se abre –con mayor o menor suerte, ésa es otra cuestión– a las sugestiones exteriores; por el otro, las condiciones epistemológicas de esta investigación y el estatus del trabajo del historiador. Sin embargo, lo que está cambiando es precisamente la relación de uno de dichos registros con el otro. En general, esta transforma-

---

[85] La fórmula "el estallido de la historia" aparece, en una clave más bien triunfalista, en el impreso redactado por P. Nora para la "Bibliothèque des histoires" que lanzó en Gallimard en 1971. Fue retomada de manera polémica en los años setenta, y ante todo en el ambiente de los *Annales* (por F. Braudel, en particular). La "historia en migajas" sirve entonces para expresar una interpretación negativa de esta evolución; la fórmula será retomada tardíamente en el panfleto de F. Dosse, *L'Histoire en miettes. Des* Annales *à la "nouvelle histoire"*, París, 1987.

ción se llevó a cabo como a despecho de los interesados. Sin duda, por eso con frecuencia no fue bien tolerada por ellos. Los historiadores se habían dejado llevar por un expansionismo sin límites; de golpe y porrazo descubren un paisaje fragmentado, discontinuo. La postergación del proyecto de una historia global podía parecer escandalosa (y al mismo tiempo, debemos reconocerlo, dejar al gran público indiferente) hace veinte años.[86] Hoy es una evidencia, cuando menos provisional. El caso es que se sigue hablando de ello con nostalgia, con el remordimiento de haber renunciado a una gran ambición, precisamente cuando, por el momento, ninguna formulación nueva parece dar consistencia al sueño desvanecido.

Por lo demás, cabe formularse esta pregunta: ¿es accidental esa evolución? ¿O estaba inscripta en el propio programa de los *Annales?* En 1966, cuando declaraba haber "intentado la aventura de una historia total" en su prefacio a los *Paysans de Languedoc*, Le Roy Ladurie podía parecer presuntuoso, pero su ambición parecía legítima, como lo había sido antes que él la de Braudel en *El Mediterráneo*... o la de Vilar en la *Catalogne*. Tales empresas y obras fueron sustentadas por la convicción de que existía una posibilidad abierta de acumular y comparar los resultados producidos. Pero la misma dinámica de la investigación no imponía un catálogo de cargas epistemológicas que fuera en senti-

[86] J. Revel, "Histoire et sciences sociales. Les paradigmes des *Annales*", en *Annales ESC*, 6, 1979, pp. 1360-1376.

do exactamente contrario. Esto es lo que sugirió muy tempranamente (1971), por ejemplo, Furet, en su reflexión sobre la generalización de la cuantificación y las consecuencias que implicaba para el oficio del historiador:

> atomiza la realidad histórica en fragmentos tan diferentes que al mismo tiempo compromete la pretensión clásica de la historia a la captación de lo global. ¿Debe abandonarse tal pretensión? Responderé que probablemente hay que conservarla como el horizonte de la historia, pero que, para avanzar, debe renunciarse a tomarla como punto de partida de la investigación, salvo que volvamos a caer en la ilusión teleológica [...]; probablemente, el análisis global del "sistema de los sistemas" está fuera de nuestros medios.[87]

En forma paralela a esta evidencia, precisamente el propio ordenamiento de la investigación es lo que se veía transformado por sus avanzadas, no bien se pasaba de la edad de los programas al de las realizaciones. Allí donde podía recomendarse la apertura de nuevas pistas, de las que se auguraba que vendrían a enriquecer el cuestionario común, las que poco a poco se afirmaron son verdaderas especialidades. La demografía histórica, cuyo mayor desarrollo data precisamente de esos años, da un buen ejemplo de esto: de simple variable en

[87] F. Furet, "Le quantitatif en histoire", en *L'Atelier de l'historien*, ob. cit., p. 66.

el modelo socioeconómico de las sociedades preindustriales, el factor demográfico se convirtió en
un objeto de investigación por sí mismo, engen-
drando una disciplina casi autónoma en el seno de
la historia social. Sin duda, no todas las evoluciones fueron tan espectaculares. Pero el hecho es
que el campo de la investigación, que habían querido liberar de los muros que le imponían las especialidades, de este modo se volvió a tabicar en
los hechos.

Sin duda, así se explica que ciertos problemas
que durante mucho tiempo se creyó que no debían
plantearse hayan regresado, con cierta insistencia,
a la historiografía francesa de las dos últimas décadas. Y ante todo, una reflexión de tipo epistemológico cuya necesidad se había hecho sentir un
poco. En 1971, un especialista en historia romana,
Paul Veyne, había suscitado cierta emoción al publi-
car un largo panfleto, inspirado por el historicis-
mo alemán y alimentado por la reflexión epistemológica anglosajona, que demolía severamente
las pretensiones científicas de la nueva historia y
las reducía al establecimiento de una intriga, de
un relato. La obra impactó, pero sin convencer a
los expertos. El año anterior, en una clave muy
diferente, Michel de Certeau había publicado un
largo estudio sobre la "operación historiográfica",
cuya influencia probablemente fue más acentuada, pero sin alterar en profundidad la agenda de los
historiadores, quienes estaban dispuestos a reconocer la pertinencia de las cuestiones planteadas
pero sin que parecieran afectar las tareas prácti-

cas que requerían su energía.[88] Por limitadas que hubieran sido sus repercusiones (tan divergentes en su desarrollo como en sus conclusiones), dejan entender que tal vez había llegado el momento de hacer un balance, que podía ser útil un "posicionamiento" de la disciplina. De hecho, la necesidad de una reflexión semejante, ausente de los grandes panoramas enciclopédicos establecidos en esos años, es perceptible en una serie de iniciativas discretas pero continuas.[89]

Un malestar, el inicio de una reflexión crítica: ¿están reunidos los elementos para que se pueda hablar de una crisis?[90] Incluso para quienes fueron

[88] P. Veyne, *Comment on écrit l'histoire*, París, 1971; M. de Certeau, "Faire de l'histoire. Problèmes de méthode et problèmes de sens", en *Revue de science religieuse*, LVIII, 1970, pp. 481-520 (retomado en *L'Écriture de l'histoire*, París, 1975, pp. 27-62); "L'opération historiographique", ibíd., pp. 63-120.

[89] Aquí tenemos algunos de esos jalones: M. de Certeau, *L'Absent de l'histoire*, Tours, Mame, 1973; G. Mairet, *Le discours de l'historique*, Tours, 1974; las dos contribuciones de A. Burguière y de J. Revel para el quincuagésimo aniversario de los *Annales* en 1979; las recopilaciones de P. Vilar, *Une histoire en construction*, y de F. Furet, *L'Atelier de l'historien*, ob. cit., en 1982; la de K. Pomian, *L'Ordre du temps*, París, Gallimard, 1984, etc. Este tipo de análisis se multiplicará en el transcurso de los años ochenta. Vemos en cambio que dicha reflexión epistemológica no presenta ninguna unidad fuerte.

[90] Para una reflexión contemporánea sobre este diagnóstico, me permito remitir a J. Revel, "Sur la 'crise' de l'histoire aujourd'hui", en *Bulletin de la Société française de philosophie*, sesión del 27 de abril de 1985, LXXIX, 1985, pp. 97-128. Varios de los análisis de dicho texto son retomados aquí.

sus protagonistas, no es fácil establecer el diagnóstico. En cambio, lo seguro es que el unanimismo aparente de los años anteriores comienza a resquebrajarse. Pasemos por alto lo más superficial: precisamente entonces, tras largos años de silencio respetuoso, se expresan nuevas críticas fuertemente ideologizadas para denunciar el "sistema *Annales*" y sus derivas.[91] También vemos que algunos de los que habían sido los promotores –y, eventualmente, los beneficiarios– de la "nueva historia" adoptan distancias inéditas para con ella.[92] Pero también, aquí y allá, encontramos la expresión del sentimiento de un desgaste del modelo dominante. Por otra parte, esto no ocurrió únicamente con la historiografía francesa. En 1979, Lawrence Stone, en un artículo que en su momento causó mucho revuelo, había descargado una crítica radical contra las ambiciones desmesuradas y, a su juicio, vanas y finalmente sin consecuencias, de la historia social, antes de anunciar un "retorno del relato"; la denuncia era tanto más impactante cuanto que el propio Stone era uno de los grandes especialistas contemporáneos de la historia social, autor de libros mayores sobre la sociedad inglesa de los siglos XVII a XIX y uno de los editores de la re-

[91] Provienen de horizontes muy alejados: de la derecha, con H. Couteau-Bégarie, *Le Phénomène "nouvelle histoire"*, París, 1983; de la extrema izquierda, con F. Dosse, *L'Histoire en miettes*, ob. cit.

[92] Véase, por ejemplo, el informe –por lo demás interesante, pero que por desgracia careció de continuación– abierto por P. Nora en la revista *Le Débat*, 17, 1982, y 23, 1983.

vista británica *Past and Present*.[93] El mismo año, el historiador italiano Carlo Ginzburg publicaba un texto no tan vehemente, pero cuya crítica parecía calar más hondo todavía: en la crisis de confianza que sólo entonces comenzaba a bosquejarse, él descubría una prueba de la incompatibilidad, por lo que respecta a la historia, de un modelo teórico tomado de las ciencias exactas; para él era la ocasión de sugerir el modelo totalmente diferente, alternativo, de lo que llamaba el "paradigma del indicio", oponiéndolo al "paradigma galileano" dominante: la historia social, en particular, se habría equivocado al agotarse en establecer regularidades cuando su vocación propia, más bien, sería dedicarse a la investigación del "indicio", por lo demás significativo, que autorizara un conocimiento "indirecto" y "conjetural", que el autor situaba por el lado de la interpretación psicoanalítica o incluso del conocimiento policial.[94] Son dos ejemplos, sin duda aquellos que fueron los más generalmente comentados, de la crítica que entonces se bosqueja contra el modelo historiográfico establecido. No son los únicos, y la lista podría alargarse. Nada garantiza que a través de estos interrogantes los problemas siempre hayan

[93] L. Stone, "The Revival of Narrative: Reflections on a New Old History", en *Past and Present*, 85, 1979, pp. 3-24. Recordemos que después de la publicación de este artículo, que fue muy traducido y ampliamente comentado, Stone retornó a la historia social.

[94] C. Ginzburg, "Spie. Radici di un paradigma indiziario", en A. Gargani (comp.), *Crisi della ragione. Nuovi modelli nel rapporto tra sapere e attività umana*, Torino, 1979, pp. 56-106.

sido bien planteados. Pero parecen suficientemente fuertes, y, para los más acabados, suficientemente convergentes en su parte crítica para que nos creamos con derecho a comprenderlos como los síntomas de una insatisfacción y una duda. Una vez más, el fenómeno no tiene nada de específicamente francés. Se lo descubre en la mayoría de las provincias de la historiografía occidental en el giro de los años ochenta. Pero una vez más, también, probablemente se sintió más en Francia que en otras partes, ya que fue alrededor de los *Annales* donde el proyecto y las certidumbres de una historia social habían sido afirmados con más fuerza.

Detengámonos un momento en las razones profundas que pueden ayudarnos a comprender este giro. Nuevamente son múltiples y complejas. Para ir de lo más general a lo más específico, sin duda debemos tener en cuenta el cambio profundo que afecta a una gran parte de las ciencias sociales, y probablemente más allá de ellas a las representaciones espontáneas o ideológicas que nuestras sociedades producen por sí mismas. La segunda mitad del siglo XIX y los tres primeros cuartos del XX habían vivido sobre paradigmas integradores fuertes: el positivismo, el marxismo, el estructuralismo fueron ilustraciones sucesivas de esto. No es abusivo alinearlos a todos, a pesar de lo que los separa, bajo la bandera del funcionalismo. Sin embargo, precisamente es este paradigma funcionalista, y con él las ideologías científicas que habían servido para unificar el campo de las ciencias sociales (o que le servían de horizonte de referencia), lo que parece haberse debilitado poco a poco, sin una crisis abierta, durante las dos últimas décadas. No creo necesario recordar que en el mismo tiempo la duda invadió nuestras sociedades, enfrentadas a formas de crisis de las que ya no sabían dar cuenta, y que eso no dejó de alimentar cierto escepticismo sobre la propia ambición de una inteligibilidad global de lo social, que había sido el credo, implícito o explícito, de las generaciones precedentes, y que hoy se ve aplazado.

Las consecuencias de esta evolución fueron considerables, y sólo ahora comenzamos a medirlas. Lo hemos visto: el proyecto de una historia "global" descansaba en una perspectiva optimista que veía que los esfuerzos de las ciencias del hombre convergían en su debido momento hacia un mismo punto. Sin embargo, precisamente cuando en el interior de las disciplinas se afirmaban nuevas formas de especialización, las arquitecturas intelectuales que daban sentido a esta gran construcción se vieron desquiciadas. Paralelamente, la interdisciplinariedad, o la pluridisciplinariedad, que había parecido un derecho adquirido desde mucho tiempo –cualquiera fuese la formulación que se diera y los caminos que se reivindicaran para construirla–, se volvió problemática. Hoy, cada ciencia social particular es menos segura de sí misma y, todos estos años, hemos visto que se multiplicaban los informes de los lugares y los balances críticos. Pero las relaciones que mantienen unas con otras también son menos evidentes: al mismo tiempo porque, en ciertos casos, se acercaron tanto que tienden a no tener ya nada para intercambiar (como en ciertos campos de la historia y la antropología); y, más generalmente, porque el régimen teórico que parecen compartir se vio cuestionado con el proyecto de conjunto. Lo cual, por supuesto, no significa que la confrontación entre las disciplinas debe guardarse en lo sucesivo en la tienda de accesorios, sino que ya no es percibida como una respuesta: es un problema (cosa que, sin duda, jamás habría debido dejar de ser).[95]

Pero la crítica también recae sobre los procedimientos más familiares a los historiadores y las convicciones que los sustentan. El cuantitativo fue uno de los más concluyentes, y resultó de una sorprendente fecundidad. Sin embargo, en el momento en que parecía disponer de instrumentos nuevos al servicio de programas más ambiciosos todavía, la aproximación cuantitativa también fue invadida por la duda. Jamás se produjeron tantas series cifradas como durante los años 1950-1980, y los recursos así constituidos fueron la base de una renovación profunda de nuestros conocimientos.[96] Pero también mostraron sus límites, y por una doble razón. En el nivel más elemental, y pese al voluntarismo ostentado por los promotores de la historia cuantitativa, la comparabilidad y la acumulación de los resulta-

[95] Véanse las reflexiones de sentido común de B. Lepetit, "Propositions pour une pratique restreinte de l'interdisciplinarité", en *Revue de Synthèse*, 3, 1990, pp. 331-338.

[96] Por lo que respecta a la Francia del Antiguo Régimen, véase el muy útil inventario trazado por J.-Y. Grenier, *Séries économiques françaises (XVIe-XVIII siècles)*, París, 1985.

dos obtenidos no fue de largo alcance. Por cierto, la cuantificación no tiene nada que ver con esto, pero sus usos pueden explicarlo: tanto porque con frecuencia se contó de una manera desordenada como porque se volvió a contar mucho lo que ya había sido objeto de medidas, suscitando así un sentimiento fuerte de rendimientos decrecientes. La segunda razón es más compleja. Para Simiand, para el primer Labrousse, la cuantificación no fue pensada como un fin en sí misma: era un instrumento destinado a suministrar, según procedimientos explicitados, elementos de validación empírica a una hipótesis previamente formulada. No obstante, cada vez más, la propia dinámica de la investigación sugirió convertir a la producción de datos en un fin al mismo tiempo que una prioridad.[97] Nos topamos aquí con un efecto perverso del positivismo subyacente a una gran parte de la historiografía francesa (y no solamente francesa). Sin duda, desde hace medio siglo, la historia de la investigación es la de la construcción de objetos cada vez más sofisticados. Los procedimientos se volvieron más complejos y controlados a la vez. Pero al mismo tiempo, la índole experimental, hipotética, de tales objetos a menudo se perdió de vista. Y en ocasiones se cedió a la tentación de tomarlos por cosas.

Un buen ejemplo de esta tendencia a la cosificación de las categorías del análisis histórico es la evo-

---

[97] Véase J.-Y. Grenier y B. Lepetit, "L'expérience historique. À propos de C. E. Labrousse", en *Annales ESC*, 6, 1989, pp. 1337-1360.

lución de la historia de los precios, entre el primer Labrousse (1933) y los años sesenta, como lo es, a una generación de distancia, la de las unidades espaciales de observación o la de las clasificaciones socioprofesionales. La prioridad parece haber sido entonces acumular la mayor cantidad posible de datos, almacenados según categorías recibidas más que criticadas, descriptas con más frecuencia que analizadas, y que parece triunfar aquí con el almacenamiento informático de enormes bancos de datos inertes (y que, supuestamente, un día podrían responder a todas las preguntas que no se les formulaba). Este achatamiento de la investigación tal vez permita comprender también que, en suma, se haya reflexionado muy poco sobre las articulaciones internas de la realidad histórica así restituida. Durante mucho tiempo se contentaron con yuxtaponer sus diferentes aspectos. En la experiencia francesa, lo hemos visto, la historia de los grupos sociales se forjó en el molde propuesto por la historia económica, que le era anterior; y las primeras tentativas de una historia social de la cultura, a partir de los años sesenta, a su vez se alojaron espontáneamente en el cuadro de lectura socioeconómica que se les ofrecía. En ocasiones, de ello resultaron serias dificultades. En esto no se debe ver tanto la aceptación de una manera de determinismo económico como el efecto de una suerte de embotamiento epistemológico que habrá sido como el revés de un éxito, el precio que se deberá pagar por una investigación superactiva, que multiplicó su esfera de trabajo y sus conquistas durante cuatro o cinco décadas.

Este cuadro es injusto. Subraya las dificultades, hasta los atolladeros de una empresa que fue generosa y de una extraordinaria fecundidad en el seno de la historiografía contemporánea. Tampoco reconoce la parte de esfuerzos, individuales o colectivos, para pensar en términos nuevos el proyecto y las herramientas de una historia social que volvería a ser problemática.[98] En los propios *Annales* se expresaron de manera recurrente, no obstante lo cual se conserva la impresión de que no siempre fueron entendidos. Por otra parte, el problema no es aquí dar un juicio, demasiado fácil con posterioridad, sobre lo que se habría podido o debido ser, sino realmente de comprender cómo, de la práctica de los historiadores sociales, nacieron las interrogaciones que bosquejan desde hace algunos años una revisión. Ya que, después de todo, fueron los *Annales* los que formularon el diagnóstico que se acaba de bosquejar a grandes rasgos, invitando a la comunidad de historiadores a retomar la reflexión sobre estos problemas y sugiriendo, a través de dos editoriales sucesivos, la necesidad de un "viraje crítico".[99]

[98] Entre otros nombres posibles, sin duda puede tomarse como ejemplo el gran libro de J. C. Perrot, *Genèse d'une ville moderne: Caen au XVIII siècle*, París, 1975, 2 vol., cuya influencia fue lentamente conquistada pero que, más allá de la historia urbana, contribuyó en reconsiderar muy ampliamente los presupuestos de la historia social en Francia.

[99] "Histoire et sciences sociales. Un tournant critique?", en *Annales ESC*, 2, 1988, pp. 291-293; "Tentons l'expérience", presentación del número especial "Histoire et sciences sociales. Un tournant critique", en *Annales ESC*, 6, 1989, pp. 1317-

11. Este conjunto de cuestionamientos no afectó tan sólo a la historiografía francesa. Un poco en todas partes se hicieron preguntas comparables a las prácticas y certidumbres adquiridas de la historia social, aunque las respuestas esbozadas, tanto en su contenido como en su estilo y en las estrategias intelectuales que bosquejaban, fueron significativamente diferentes. Para convencerse de esto, basta con comparar los desarrollos del *linguistic turn* en los Estados Unidos, los debates suscitados por la microhistoria en Italia y el progreso de la reflexión francesa. El hecho es que esta revisión no se hizo a puertas cerradas, aunque más no fuera porque la circulación de las proposiciones es hoy la regla entre los países.

Es posible hacer una evaluación de esto tratando de identificar a los autores y las obras que acompañaron esta reflexión crítica. No se trata aquí de hacer un concurso de referencias, ni de razonar en términos de influencias, sin más bien de tratar de localizar mejor los puntos sensibles del debate en curso: proposiciones a veces antiguas encontraron una pertinencia en ocasiones tardía porque trataban de dar un sentido en un contexto nuevo. Como el caso, por ejemplo, de la obra del historiador británico Edward P. Thompson. Es sabido que su gran libro, *La formación de la clase obrera*, data de 1963; lo que no lo es tanto es que su recepción francesa fue demorada durante mucho tiempo, no porque la ha-

1323. Estos dos textos están firmados colectivamente por la redacción de la revista.

yan obstaculizado, sino porque el proyecto del autor no encontraba su lugar en el de la historia social a la francesa.[100] Sólo en el momento en que la eficacia de un análisis sociohistórico esencialmente fundado en el estudio de las distribuciones comenzó a mostrar sus límites fue cuando la concepción ilustrada por Thompson, atenta a la construcción de las identidades sociales como un proceso dinámico, resultó que representaba una solución alternativa. Y mucho más, a todas luces, el caso de la obra del sociólogo Norbert Elias, cuya importancia para los historiadores (no solamente franceses) no dejó de afirmarse desde hace unos veinte años. Esta vez se trata de trabajos más antiguos todavía, pero que sólo encontraron su verdadero público muy tardíamente.[101] En la aceptación de Elias, la proximidad que algunos de sus temas podían presentar con los debates más contemporáneos, sin duda, representó un papel considerable: pensemos, por ejemplo, en la temática del poder y el control social, en la historia de la gestión de los cuerpos y las formas de autocoerción que se ejercen sobre él, todos temas que

[100] El libro de Thompson sólo fue traducido al francés en 1988, a iniciativa de la Escuela de Altos Estudios.

[101] Recordemos que *La Sociedad cortesana*, sostenida como tesis de habilitación en 1933, permaneció inédita hasta 1969. Los dos volúmenes de *El proceso de la civilización*, publicados en 1939, comenzaron a circular verdaderamente a partir de su reedición de 1969. Elias, nacido en 1897, tenía más de 70 años. Recordemos también que fue sobre todo a partir de sus traducciones y su recepción francesas, a comienzos de los años setenta, como Elias fue ampliamente reconocido.

aparentaban responder a las preocupaciones que desarrollaba en el mismo momento Michel Foucault. Pero más allá de estos encuentros en ocasiones inesperados, la importancia de Elias fue también la de servir de revelador a una insatisfacción frente a las categorías de análisis dominantes, y haber contribuido a reformularlas. En su versión clásica, la aproximación cuantitativa razona, en cuanto a lo esencial, en términos de conglomerados y distribuciones. Elias, en cambio, piensa lo social en términos de interdependencias, ya se trate de los individuos o los grupos: la noción de "configuración" (*figuration*) sirve en él para identificar el complejo de lazos de dependencia recíprocos que constituyen la matriz del juego social y que están permanentemente actualizados entre aquellos que son sus protagonistas. Bien lo vemos: tales proposiciones se volvieron pertinentes porque invitaban a tomar en cuenta una gama de realidades que en una gran medida habían permanecido ignoradas.[102]

---

[102] La misma observación puede hacer comprender el papel capital que representó, en particular para los historiadores de la cultura, la sociología de Pierre Bourdieu. Fuera del prestigio y la potencia propios de la obra (en particular *La distinction*, París, 1979 [trad. cast.: *La distinción*, Madrid, Taurus, 1988]; *Le sens pratique*, París, 1981 [trad. cast.: *El sentido práctico*, Madrid, Taurus, 1991]), la importancia de Bourdieu es haber contribuido a quebrar las divisiones habituales y en particular la construcción en tres pisos (economías, sociedades, civilizaciones) implícitamente aceptada por la historia social poslabroussiana al mostrar, por ejemplo, que las clasificaciones sociales no condicionan las distribuciones culturales sino que pueden constituirse en el seno de las prácticas culturales.

Otro tanto puede decirse de aquellas que vinieron de la microhistoria. Es sabido, se trata no tanto de una escuela como de un conjunto de trabajos que se desarrollaron en Italia desde mediados de los años setenta y que son ilustrados por los nombres de Carlo Ginzburg, Giovanni Levi, Edoardo Grendi, Carlo Poni, entre otros. Una vez más, se trata aquí de un proyecto de historia social, pero que, a la aproximación macrohistórica bien representada por la tradición de los *Annales*, propone reemplazarla por una aproximación intensiva de muestras limitadas de la realidad social: una comunidad, una red de relaciones, un destino individual, etcétera. El impacto que este desarrollo encontró en Francia descansa en una doble razón. Ante todo está ligado a un efecto de extrañamiento: lo que el juego sobre las escalas de observación hace aparecer no son solamente objetos de reducido tamaño sino otra configuración de lo social. De donde proviene la segunda razón: por el hecho de que torna visibles configuraciones inéditas, el análisis microhistórico nos invita a reflexionar de manera crítica sobre nuestro material conceptual más acostumbrado.[103]

[103] No existe un manifiesto teórico de la *micro-storia*, que encubre, de hecho, proposiciones a veces profundamente distintas. Véanse, sin embargo, G. Levi, "On Microhistory", en P. Burke (comp.), *New Perspectives on Historical Writing*, Cambridge, 1991, pp. 93-113; J. Revel, "L'histoire au ras du sol", presentación de G. Levi, *Le pouvoir au village*, París, 1989, pp. I-XXXII; "Micro-analyse et construction du social", en J. Revel (comp.), *Jeux d'échelles. Micro-Analyse et construction du social, jeux*, París, 1996.

Otro tanto podría decirse de otras grandes obras que, desde las ciencias sociales o la reflexión filosófica, recientemente interrogaron a los historiadores. A todas luces pensamos en Foucault, cuya importancia intelectual no dejó de crecer desde hace unos veinte años. Esta importancia, por otra parte, es compleja, aunque más no fuera en virtud de los constantes desplazamientos de su recorrido, desde la *Historia de la locura* (1961) hasta los dos últimos volúmenes de su *Historia de la sexualidad* (1984), que la muerte dejó inconclusa; también en virtud de los malentendidos que existieron (y que en ocasiones fueron producto del propio autor) en torno de la naturaleza de su proyecto. Esta historia queda por escribirse en su totalidad. El hecho es que Foucault contribuyó poderosamente a la reformulación de la reflexión histórica: por sus temas de estudio, sin duda; pero también y sobre todo a través de la rehabilitación de la instancia del discurso como sitio de producción de la realidad. La historia de la locura entre los siglos XVI y XVIII no es tan sólo la de la progresiva marginalización y reclusión de los locos, ni la del nacimiento de la psiquiatría, sino ante todo aquella que, en la experiencia occidental y por algunos siglos, construyó solidariamente las figuras antagónicas de la locura y la razón clásica. Tras la plenitud de las palabras, Foucault apunta a parcelas ocultas. Al mismo tiempo cuestiona el positivismo que, a su manera de ver, la historia posee en común con el conjunto de las ciencias sociales. Más tarde lo formulará de manera más abrupta:

> Hay que desmitificar la instancia global de lo real
> como totalidad que se debe restituir. [...] Tal vez
> también habría que interrogar el principio, a me-
> nudo admitido de manera implícita, de que la
> única realidad a la que debería pretender la his-
> toria es la propia sociedad. Un tipo de racionali-
> dad, una manera de pensar, un programa, una
> técnica, un conjunto de esfuerzos racionales y
> coordinados, objetivos definidos y llevados a ca-
> bo, instrumentos para alcanzarlos, etcétera, todo
> esto es lo real aunque no pretenda ser "la propia
> realidad" ni "la sociedad" en su conjunto.[104]

En su brutalidad, la crítica traduce a las claras los
términos de un malentendido prolongado. También
invita a una reformulación de la agenda de los historiadores que con frecuencia fue sobrentendida.

El cuestionamiento filosófico, tradicionalmente
objeto de la desconfianza, hasta de la sospecha de
los historiadores franceses, más generalmente hizo
sentir sus efectos sobre un conjunto de reflexiones
que fueron igual y tradicionalmente apartadas en
las versiones sucesivas de la historiografía. Princi-
palmente giran alrededor de los problemas y la
construcción de la interpretación. Es sabido que la
hermenéutica se encuentra en el corazón del pensamiento alemán desde el siglo XIX, y está casi ausente de la experiencia francesa, particularmente

---

[104] M. Foucault, "La poussière et le nuage", en M. Perrot
(comp.), *L'impossible prison*, París, 1980, pp. 34-35. Por otra
parte, este volumen contiene los elementos de un debate entre Foucault y un grupo de historiadores, cuyos términos fueron ampliamente reescritos por el filósofo.

de las ciencias sociales, marcada en profundidad por un positivismo que conoció varias formulaciones desde hace más de un siglo. Y de pronto hoy hace un retorno violento: no sólo en la obra del último Foucault sino más ampliamente, como problema historiográfico y sobre todo en las ciencias sociales. La influencia contemporánea de Michel de Certeau, historiador y filósofo, y la de Paul Ricœur, tardía, y que apareció al término de una obra filosófica muy larga,[105] pueden servir aquí de ejemplos privilegiados. Con otros, insisten en los efectos de sentido que son inseparables de toda operación, así como en la importancia de reconfiguraciones cuyos enunciados son el objeto en el seno de contextos de significaciones múltiples. La reevaluación del papel del relato, inseparable en Ricœur de la propia experiencia del tiempo humano, es tanto más espectacular por cuanto la historiografía francesa, de Simiand a Braudel, no había dejado de señalar sus distancias con respecto a él. Claro que el relato que hoy solicita la reflexión de los historiadores no tiene gran cosa que ver con la "crónica" cuyas insuficiencias constitutivas de-

---

[105] Fue sobre todo a partir de los tres volúmenes de *Temps et récit*, París, 1983-1985, cuando la obra de Ricœur fue recibida entre los historiadores. A los dos nombres ya citados convendría añadir otros, algunos de los cuales son famosos: el de Gadamer, por el lado de la hermenéutica filosófica; el de Geertz, por el de una antropología interpretativa; por último, en Francia, el relativamente aislado de un filósofo que se pasó a la historia, J. Rancière (*La Nuit des prolétaires*, París, 1981; *Les Noms de l'histoire*, París, 1992).

nunciaba Simiand a comienzos de siglo, ni con la "intriga" a cuya construcción Veyne pretendía limitar la tarea del historiador en 1971. Se ha convertido en el sitio de una interrogación compleja, sobre la coherencia de las acciones y los actores, sobre la racionalidad de los procesos históricos y la posibilidad de dar cuenta de ellos. La cuestión es que una gama de reflexiones nuevas entró así en el campo de las preocupaciones de los historiadores.

Más generalmente, tal vez, la crítica en proceso de la agenda positivista, la mayor parte de las veces implícita pero en ocasiones reivindicada por las ciencias sociales, invita a una reformulación de conjunto que dista mucho de estar terminada. La edad de las certezas nomológicas fue reemplazada por un tiempo de anarquía epistemológica (que no deja de evocar, por otra parte, la primera gran crisis de la razón, en el recodo de este siglo). Las versiones extremas del deconstruccionismo, en una parte de las ciencias sociales (en particular americanas), sugieren instaurar el reino exclusivo de la interpretación. Muchos otros signos vinieron recientemente a atestiguar la exclusión de las referencias antiguas sin necesariamente tratar de reemplazarlas. A mi juicio, sin embargo, la experiencia francesa más reciente va en el sentido de una reconstrucción: la de un espacio racional pensable para las ciencias sociales. Resulta interesante observar que en este proyecto la historia conserva un papel esencial, aunque de naturaleza muy diferente de aquellos que asumió hasta ahora: precisamente, en nombre de la historicidad común al conjunto de las ciencias sociales, el sociólogo Jean-Claude Passeron recusa, luego de Dilthey y Weber, la "ilusión nomológica" que durante tanto tiempo los justificó ante ellos mismos; precisamente sobre ella funda, contra Popper, la afirmación de que "no existe ni puede existir un lenguaje protocolar unificado de la descripción histórica del mundo empírico".[106] De aquí proviene la reivindicación de un régimen teórico particular: el razonamiento sociológico (o histórico) no apunta a establecer leyes del tipo de las que produce el razonamiento experimental; no es apto para producir formalizaciones generales, precisamente en virtud de las coerciones que sobre él hacen pesar las condiciones históricas de la observación. Pero el reconocimiento de tales límites y la renuncia a la ambición nomológica no implica por ello que las ciencias de la sociedad deban renunciar a ser ciencias ni a definir reglas. La modestia de la frase, sin duda, no es tan importante aquí como la atención referida a los procedimientos, a sus condiciones de elaboración y a las formas de validación a que deben someterse. Luego de un siglo, ¿está en vías de ejecución la ruptura con el positivismo y sus considerandos?[107]

[106] J. C. Passeron, *Le Raisonnement sociologique. L'espace non-popperien du raisonnement naturel*, París, 1991. Se trata probablemente del esfuerzo más logrado para salir de un tiempo de epistemologías de transición o de oportunidad.

[107] Sobre estas consideraciones y orientaciones muy diferentes véase: B. Lepetit (comp.), *Les formes de l'expérience*, París, 1995; G. Noiriel, *Sur la "crise" de l'histoire*, París, 1996; R. Chartier, *Au bord de la falaise. L'histoire entre certitudes et inquiétudes*, París, 1998.

Para terminar, prestemos atención a la manera en que la práctica de los historiadores registra estas preocupaciones recientes y las reformulaciones que se bosquejan. Aquí conviene ser prudente. Porque la investigación es una empresa de largo aliento, también en virtud de la fuerza de la costumbre adquirida, y las cosas no cambian de la noche a la mañana. Las esferas de trabajo permanecen activas, lo cual no significa, muy por el contrario, que en ellas el trabajo no continúe de idéntica manera. ¿Quieren un ejemplo? La historia cuantitativa del libro y de la alfabetización habían sido sectores que sustentaban (y que por otra parte eran curiosamente desunidos) la investigación francesa a lo largo de los años sesenta y setenta; su cuestionario fue renovado de manera muy profunda desde el interior con la historia de la lectura y, más generalmente, de las prácticas del impreso tal y como Roger Chartier se dedicó a definirla en los años ochenta.[108] Otro ejemplo de una reformulación comparable, iniciado a partir de la década del setenta como resultado de los trabajos de J.-Cl. Perrot, que nos puede brindar la historia urbana. Se trata de una especialidad clásica de la investigación histórica, pero que bajo el mismo apelativo pudo albergar concepciones muy diversas. En muchos casos había terminado por perder una parte

---

[108] R. Chartier, *Lecteurs et lectures dans la France d'Ancien Régime*, París, 1987; (comp.) *Les usages de l'imprimé*, París, 1987; con H. J. Martin (comps.), *Histoire de l'édition française*, París, 1981-1986, 4 volúmenes.

de su especificidad en el seno de una historia social más general: con frecuencia, la ciudad no es ya aprehendida sino como un marco neutro para el análisis. Las interrogaciones actuales invitan a una reconsideración del fenómeno urbano en el cual está la propia ciudad, su identidad, la de sus formas y las clasificaciones que produce, que devienen objetos de la investigación. Se trata de

> reconocer la diversidad de las formaciones humanas que se suceden tras la aparente permanencia de los lugares y el vocabulario para contribuir a una definición histórica de lo urbano. Existen investigaciones que, en vez de reducir la complejidad de la ciudad, se esfuerzan por ponerla en movimiento para comprender los procesos mediante los cuales los actores redefinen de manera permanente, sin saberlo y queriéndolo a la vez, la organización de lo social entendido en el sentido más amplio.[109]

Así, hoy la reforma de la investigación tal vez procede no tanto mediante la anexión de nuevos objetos como por la redefinición de objetos antiguos a través de cuestionarios renovados.

Lo cual, por supuesto, no significa que no se hayan abierto nuevos campos. Algunos son localizables hoy en la mayoría de los países: sin lugar a dudas, es el caso de la historia de las mujeres, aunque,

---

[109] B. Lepetit, "Urban history in France: twenty years of research", en R. Rodger (comp.), *European Urban History: Prospect and retroprospect*, Leicester y Londres, 1993, pp. 84-89.

de una cultura, de una sociedad, de una experiencia a otra, las versiones propuestas y los objetivos perseguidos desemboquen en formulaciones sensiblemente distintas.[110] Otros remiten más claramente a la idiosincrasia. Esto ocurre con el "retorno" de la historia política, a la cual, es sabido, la tradición de los *Annales*, salvo notable excepción, casi no había dejado sitio. De hecho, no se trata de un retorno, sino más bien de un conjunto de proposiciones que se dedican a reconstruir la pertinencia de lo político como nivel de análisis. Maurice Agulhon había dado una brillante ilustración de esto hace más de veinte años al interrogarse acerca del papel de las formas sociales en los fenómenos de aculturación política, estudiando al mismo tiempo la nueva utilización de formas tradicionales de sociabilidad y la invención de estructuras nuevas. Con él, pues, lo político quedaba profundamente inserto (*embedded*) en lo social. Desde hace unos quince años, Furet se entregó a una operación mucho más radical, dedicándose a caracterizar e ilustrar una autonomía de lo político. Sus primeros trabajos sobre la Revolución Francesa, se ha dicho, se inscribían en una perspectiva que seguía siendo muy labroussiana. A partir de *Pensar la Revolución francesa* (1978), por el contrario, siguió la senda de una historia política (y filosófica) de lo político, con la convicción de que la dinámica re-

[110] C. Dauphin, A. Farge, G. Fraisse y otros, "Culture et pouvoir des femmes: essai d'historiographie", en *Annales ESC*, 2, 1986, pp. 271-294.

volucionaria no dependía de un análisis de las fuerzas sociales sino de una lógica inscripta en el campo propio de la acción política.[111] La ruptura con la tradición de la historia social, que no dejó de provocar emociones y controversias, pues, está marcada y reivindicada. Por supuesto, está ligada al conflicto de las interpretaciones que caracteriza la historiografía de la Revolución Francesa; pero también encuentra sus razones en el proyecto de construir la especificidad de una categoría de objetos.

Otro tema nuevo que, en algunos años, adoptó un lugar creciente y un poco obsesivo en la producción francesa es la memoria histórica. Para comprenderlo, por supuesto, hay que tener en cuenta la relación que una sociedad mantiene con el tiempo y su historia, tal como se bosquejaron más arriba sus recientes desviaciones. La memoria sólo se convirtió en el objeto de tal preocupación porque propone una suerte de alternativa a la historia (a la historia real, se entiende). Pero probablemente la explicación no basta para dar cuenta de un fenómeno mucho más complejo y en el cual se mezclan intereses y preocupaciones múltiples. El trabajo de la memoria puede ser un medio para poner de manifiesto procesos históricos oculta-

---

[111] F. Furet, *Penser la Révolution*, ob. cit.; *La Révolution, 1770-1881*, París, 1988; con M. Azouf (comps.), *Dictionnaire critique de la Révolution française*, París, 1988. Véase también, en el mismo sentido, M. Gauchet, *La Révolution des droits de l'homme*, París, 1989; *La révolution del pouvoirs*, París, 1995.

dos o reprimidos; a todas luces, es el caso tanto de la memoria de la desdicha como de la memoria de la vergüenza.[112] También puede ser el instrumento de una interrogación sobre la identidad (o las identidades) colectiva(s).[113] La inmensa empresa de los *Lieux de mémoire*, que movilizó durante unos diez años (1984-1993) a muchos historiadores franceses de primer nivel a iniciativa de Pierre Nora, puede ser comprendida como una tentativa por responder, a través de un inventario de la memoria nacional, a preocupaciones de este tipo: memoria estallada para una sociedad que se ha vuelto incierta, y al mismo tiempo celosa de su identidad. La interpretación es confirmada por el renacimiento del género un poco desdeñado de la historia de Francia, renacimiento cuyas tentativas han proliferado desde hace una década. No es indiferente observar que, una vez más, fue en la ór-

---

[112] Memoria de la desdicha: véase N. Wachtel, *El regreso de los antepasados*, ob. cit.; L. Valensi, N. Wachtel, *Mémoires juives*, París, 1986; memoria de la vergüenza: H. Rousso, *Le Syndrome de Vichy, 1944-198...*, París, 1987. Recordemos que las primeras investigaciones científicas sobre el régimen de Vichy fueron obra de historiadores americanos, en particular de R. O. Paxton.

[113] P. Nora, "Entre mémoire et histoire", presentación de P. Nora (comp.), *Les Lieux de mémoire*, I, *La République*, París, 1984, pp. XVII-XLII. Recordemos que este primer volumen fue seguido de otros tres dedicados a *La Nation* (1986) y luego otros tres más consagrados al inventario de la diversidad de *Les France* (1993). Véase J. Revel, "Histoire vs. Mémoire en France aujourd'hui", en *French Politics, Culture and Society*, núm. 18, 2000, pp. 1-12.

bita de los *Annales*, a los que en principio se hubiera creído indiferentes a este tipo de historia, donde se arraigaron dichos ensayos. Es cierto que *La identidad de Francia*, la gran obra que Braudel dejó inconclusa al morir, no es una historia de Francia como las otras, así como tampoco la *Historia de Francia*, concebida y dirigida algunos años más tarde por Burguière y Revel, aunque más no fuera porque tanto una como la otra rompen deliberadamente con la tradición del relato teleológico que parecía casi consubstancial al género.[114] Pero lo que impacta en todos estos proyectos es que la especificidad, la identidad francesa, es tomada no como una respuesta, menos todavía como una explicación, sino como un problema que requiere un análisis, como una realidad de la que habría que tratar de dar cuenta. Que una Francia que se ha vuelto friolenta se repliegue en las promesas de su pasado es más que probable; pero el espejo que le alcanzan los historiadores de hoy no es el mismo, tranquilizador, que le ofrecían la tradición y la continuidad.

El hecho es que se correría el riesgo de dar una imagen falsa del curso actual de la historiografía si

---

[114] F. Braudel, *L'Identité de la France*, París, 1986, 3 volúmenes; A. Burguière, J. Revel, *Histoire de la France*, París, 1989-1993, 4 volúmenes. Es evidente que *Les Lieux de mémoire*, ob. cit., con justa razón puede ser considerada como una historia de Francia sui géneris. Véase también P. Nora, "Comment écrire l'histoire de France", en *Les Lieux de mémoire*, ob. cit., vol. 3, *Les France*, París, 1993, pp. 11-32.

se contentara uno con pasar revista a las temáticas y los objetos; porque si dicho curso tiene una originalidad y una coherencia, no es tanto en una expansión nueva del territorio del historiador donde hay que buscarla, sino en un cambio de perspectiva que conviene caracterizar brevemente, para terminar. Me parece innegable que estos últimos años del siglo no son ya los de una expansión rápida del campo historiográfico, tan rápida como la que conocimos hace quince o veinte años. La inflexión es general, por otra parte, en la mayoría de los países occidentales. La búsqueda de lo "nuevo" no es ya la primacía absoluta. Sin embargo, la disminución es engañosa, ya que, si, a no dudarlo, es una expresión del retorno crítico que los historiadores hacen sobre sus procedimientos y convicciones, a mi juicio no traduce tanto el desencanto de la profesión –después de todo, la disciplina es sólida, conserva una fuerza de atracción poderosa y produce tan regularmente como en el pasado– como la exigencia de una profundización. Tratemos de poner las cosas en claro.

Durante todos estos últimos años se subrayó mucho la desaparición relativa del proyecto de una historia global tal y como parecía, desde los orígenes, inseparable del programa de los *Annales*. Pero ese mismo proyecto no fue repetido de manera idéntica durante tres cuartos de siglo: Bloch y Febvre, lo recordamos, lo concebían más bien como un esfuerzo para relacionar fenómenos de índole diferente en apariencia y tradicionalmente desunidos por las especializaciones de la investigación; Braudel tuvo una visión de naturaleza más bien acumulativa, sustentada por la convicción de que los datos reunidos, llegado el momento, terminarían por integrarse unos con otros, y en consecuencia alentó la multiplicación de los frentes de la investigación. Claro que este optimismo metodológico retrocedió y que hoy las modalidades de construcción de la "globalidad" se volvieron problemáticas, así como la ambición de una inteligencia global de lo social. ¿Y sin embargo han renunciado? No es seguro. En las concepciones optimistas que acabamos de evocar, la colaboración interdisciplinaria se atribuía un papel esencial: simbolizaba la unidad de lo social a través de la de los procedimientos que lo estudian. Hoy, esta colaboración entró en una zona de turbulencias, tanto porque las ciencias sociales, como la historia, no están tan seguras de sí mismas como porque el régimen del intercambio en ellas –la inter o la pluridisciplinariedad– dio señales de fatiga. Esta comprobación no significa por ello una renuncia. Pero más que una solución, la interdisciplinariedad se ha vuelto a convertir en un problema:

> en vez de pensar, como todo nos invita a hacerlo, la relación entre las disciplinas en términos de homología o de convergencia, hoy resulta útil insistir en su especificidad, hasta en la irreductibilidad de las unas a las otras. La paradoja sólo es aparente. Cada práctica científica construye la realidad a partir de una serie de hipótesis sometidas a verificación. Porque, de una a otra, los hábitos e instrumentos conceptuales difieren, los

objetos así elaborados no se encubren. De esto nacen varias ventajas.[115]

Cuando los *Annales* formulan este diagnóstico en 1989, de hecho lo que bosquejan es un programa diferente: sugieren fundar la confrontación entre las disciplinas más sobre sus diferencias que sobre su proximidad, y jugar sobre la multiplicidad de los puntos de vista para garantizar un "distanciamiento crítico de cada uno de los modos de representación de lo real". A largo plazo, puede pensarse que una aproximación global (pero no "total") sigue siendo posible, pero en términos profundamente distintos de las formulaciones que la precedieron.[116]

Lo que se ha subrayado más generalmente, todos estos últimos años, es la índole experimental de la actividad historiográfica. El término puede sorprender. Después de todo, los historiadores trabajan sobre "lo que efectivamente ocurrió" y sólo ocurrió una vez. También es ambiguo, porque puede evocar al mismo tiempo –y de manera contradictoria– la experimentación tal y como la practican las ciencias de la naturaleza (y de las que precisamen-

[115] "Tentons l'expérience", editorial del número especial "Histoire et sciences sociales. Un tournant critique", *Annales* ESC, 6, 1989, p. 1323. En este número se encontrarán varios ejemplos de tentativas para reformular los términos de una colaboración entre las disciplinas.

[116] La reflexión en curso sobre los efectos de conocimiento ligados a la elección de escalas diferentes para la observación de lo social es un buen ejemplo de tales reformulaciones posibles.

te hoy pareceríamos alejarnos),[117] y una suerte de relativismo generalizado que dejaría libre curso a la subjetividad del historiador.[118] Sin embargo, no se trata ni de una ni de la otra. Hablar de experimentación es simplemente una manera de recordar que el historiador debe explicitar las hipótesis que construye y cuya coherencia habrá verificado para luego someterlas a una validación empírica fundada en la explotación de las fuentes. La observación es trivial, lo cual no impide que con demasiada frecuencia haya sido perdida de vista. Bastante se debatieron, admiraron (un poco) y criticaron (mucho) los procedimientos tan formalizados de la *new economic history* americana, hace de esto veinte o veinticinco años, y en particular el uso que ella hacía del análisis contrafáctico. Esta práctica no puede ser generalizada, suponiendo que uno desee que lo sea; sin duda, está reservada a tipos de fuentes (y por lo tanto a campos y períodos) donde tal formalización puede tener un sentido. Pero más allá de esto tiene el mérito de poner al día, aumentándolos, procedimientos que la mayor parte de las veces permanecen implícitos en el oficio de historiador, y que ganarían mucho si fueran explicitados. Al respecto, estos últimos

---

[117] J. C. Passeron, *Le raisonnement sociologique*, ob. cit., p. 367 y ss.

[118] Los riesgos de tal relativismo fueron recalcados por el historiador ruso Yuri Bessmertny, "Les *Annales* vues de Moscou", en *Annales* ESC, 1, 1992, pp. 245-259. Véase la respuesta de B. Lepetit y J. Revel, "L'expérimentation contre l'arbitraire", ibíd., pp. 261-265.

años se han multiplicado las señales alentadoras. Ciertas nociones, ciertas prácticas que eran aceptadas por los usuarios como evidencias son objeto de un examen nuevo que se interroga tanto sobre sus condiciones de posibilidad como sobre los efectos de sentido con que están investidos: es el caso de la historia global, el de la historia nacional, acabamos de verlo; también el de la biografía, el acontecimiento o incluso el relato;[119] con frecuencia se trata de temas y objetos en ocasiones muy antiguos, algunos de los cuales eran considerados como obsoletos desde hacía tiempo. Que hoy vuelvan en la reflexión de los historiadores no significa en modo alguno un retorno de lo idéntico, mucho menos confesar una desilusión que rehabilitaría viejas manías. A mi parecer, más bien, se trata de afirmar una elección: la de reexaminar en la base el material conceptual del que todos nos servimos, en mayor o menor grado, y evaluar mejor los efectos cognitivos que sustenta. A este respecto, parece ser ejemplar la reflexión sobre la construcción y la naturaleza de las identidades sociales, tanto de grupos como de individuos, sobre la interpretación de las trayectorias y las estrategias:[120]

---

[119] Acerca de la biografía, véase, por ejemplo, las reflexiones de método de G. Levi, "Les usages de la biographie", en *Annales ESC*, 6, 1989, pp. 1325-1335; de J. C. Passeron, *Le raisonnement sociologique*, ob. cit., pp. 185-206; para una experimentación concreta, S. Loriga, *Soldats. Un laboratoire disciplinaire: l'armée piémontaise au XVIIIᵉ siècle*, París, 1991.

[120] Algunos ejemplos notables, que constituyen otros tantos injertos recientes de la microhistoria italiana sobre la

hoy pasa por una deconstrucción crítica de las categorías tradicionales del análisis, el cual, lejos de fundar un relativismo escéptico, apunta a reconsiderar clasificaciones que, originalmente, habían podido ser de naturaleza hipotética, pero que terminaron por ser aceptadas como evidencias preconstruidas. Esta revisión no constituye en modo alguno un trabajo abstracto, fundado teóricamente, de manera previa a la experimentación; por el contrario, aparece íntimamente asociada a los mismos procedimientos de la investigación, del establecimiento del cuestionario a las estrategias seguidas por el investigador. En esto, el movimiento actual permanece fiel al empirismo, que es el del movimiento de los *Annales* por entero, aunque este empirismo hoy sea más resueltamente crítico.

A lo largo de medio siglo (a su vez inscripto en la duración más larga de un siglo), vemos claramente lo que ha cambiado: todo, o casi todo, de la relación entre las disciplinas con los programas asignados por la historia social, pasando por los procedimientos de trabajo. Pero las elecciones que gobiernan la empresa y los debates que alimentó siguen

---

historia social francesa: S. Cerrutti, *La ville et les métiers. Naissance d'un langage corporatif (Turin, XVIIᵉ-XVIIIᵉ siècles)*, París, 1991; M. Gribaudi, *Itinéraires ouvriers. Espaces et groupes sociaux à Turin au début du XXᵉ siècle*, París, 1987. Por lo demás, sobre estos trabajos (y muchos otros), la influencia de la obra de E. P. Thompson es manifiesta. Véase J. Revel, *Jeux d'échelles*, ob. cit.

siendo substancialmente los mismos. Siguen siendo, inseparablemente, la confrontación de la historia de las ciencias sociales[121] y la construcción voluntarista de lo social a través de las categorías que permiten pensarlo.

[121] Significativamente, los *Annales* cambiaron de subtítulo a comienzos de 1994, reemplazando el viejo *Économies, sociétés, civilisation* por la fórmula *Histoire, sciences sociales*.

Bibliografía

Para comodidad del lector hemos dividido la bibliografía en tres categorías principales: tendencias generales en la vida intelectual francesa del siglo XX, "escuelas" de historiografía francesa y su desarrollo, incluyendo los *Annales*, y temas generales en estudios historiográficos que tienen alguna relevancia en la evolución de los textos históricos franceses. Esta bibliografía es más orientativa que exhaustiva para provecho de aquellos que desean profundizar en esta temática.

I. Vida intelectual francesa en el siglo XX

"A Propos de Durkheim", en *Revue française de sociologie* 17.2, número especial, 1976.

BESNARD, Philippe (comp.), *The Sociological Domain: The Durkheimians and the Founding of French Sociology*, Cambridge, Cambridge University Press-París, Maison des Sciences de l'Homme, 1983.

BOURDIEU, Pierre, *Homo academicus*, París, Minuit, 1984.

CLARK, Terry N., *Prophets and Patrons: The French University and the Emergence of the Social Sciences*, Cambridge, Harvard University Press, 1973.

DESCOMBES, Vincent, *Le même et l'autre: Quarante-cinq ans de philosophie contemporaine, 1933-1978*, París, Minuit, 1979 [trad. cast.: *Lo mismo y lo otro: cuarenta y cinco años de filosofía francesa, 1933-1978*, Madrid, Cátedra, 1988].

———, *Philosophie par gros temps*, París, Minuit, 1989.

DIGEON, Claude, *La crise allemande de la pensée française (1870-1914)*, París, PUF, 1959.

———, "Les Durkheimiens", en *Revue française de sociologie* 20.1, número especial, 1979.

CARGANI, Aldo (comp.), *Crisi della ragiona: Nuovi modelli nel rapporto tra sapere e attività umane*, Turín, Einaudi, 1979.

GUILLAUME, Marc, *L'état des sciences sociales en France*, París, Découverte, 1986.

HUGHES, H. Stuart, *The Obstructed Path: French Social Thought in the Years of Desperation, 1930-1960*, Nueva York, Harper, 1968.

——, *Les idées en France, 1945-1948: une chronologie*, Paris, Gallimard, 1989.

KARADY, Victor, "Durkheim, les sciences sociales et l'université: Bilan d'un semiéchec", en *Revue française de sociologie*, núm. 17.2, 1976, pp. 267-311.

——, "Naissance de l'ethnologie universitaire", en *L'Arc* 48, número especial sobre Marcel Mauss, 1972, pp. 33-40.

LEFORT, Isabelle, *Géographie savante - géographie scolaire (1870-1970): Éléments pour une histoire de la pensée géographique*, tesis de doctorado, Université de Paris, Premier Section, 1989-1990.

LEPENIES, Wolf, *Les trois cultures: Entre science et littérature, l'avènement e la sociologie*, París, Editions de la Maison des Sciences de l'Homme, 1990.

LÉVY-BRUHL, Lucien, *La mentalité primitive*, París, Les presses universitaires de France, 1922.

——, *Les fonctions mentales dans les sociétés inférieures*, París, Les presses universitaires de France, 1910.

LINDENBERG, Daniel, *Le marxisme introuvable*, París, Calmann-Lévy, 1975.

MONGIN, Olivier, *Face au scepticisme: Les mutations du paysage intellectuel, ou l'invention de l'intellectual démocratique*, París, Découverte, 1994.

ORY, Pascal y Jean-François Sirinelli, *Les intellectuels en France, de l'Affaire Dreyfus à nos jours*, Paris, Armand Colin, 1986, 2ª ed., 1992.

PAUL, Harry W., *The Sorcerer's Apprentice: The French Scientist's Image of German Science, 1840-1919*, Gainsville, University of Florida Press, 1972.

PROST, Antoine, *L'enseigment en France, 1800-1967*, París, Armand Colin, 1968.

RIEFFEL, Rémy, *Le tribu des clercs: Les intellectuels sous la Ve république*, 1958-1990, París, Calmann-Lévy, 1993.

RINGER, Fritz R., *Education and Society in Modern Europe*, Bloomington, Indiana University Press, 1978.

———, *Fields of Knowledge: French Academic Culture in Comparative Perspective, 1890-1920*, Cambridge, Camdridge University Press - París, Editions de la Maison des Sciences de l'Homme, 1992.

SIRINELLI, Jean-François (comp.), *Histoire des Droites en France, vol. 2: Cultures*, París, Gallimard, 1992.

VERDÈS-LEROUX, Jeannine, *Le reveil des somnambules: Le parti communiste, les intellectuels et la culture, 1956-1985*, París, Fayard/Minuit, 1987.

WEISZ, George, *The Emergence of Modern Universities in France, 1863-1914*, Princeton, Princeton University Press, 1983.

II. Escuelas de historiografía francesa

AFANAS'EV, I. N., *Istorizm protiv eklektiki: Frantsuzkaia istoricheskaia shkola Annalov's sovremennoi* [*Historism Against Eclecticism: French "Annales" School in Contemporary Bourgeois Historiography*], Moscú, Myse, 1980.

ALLEGRA, Luciano y Angelo Torre, *La nascita della storia sociale in Francia*, Turín, Einaudi, 1977.

ARIÈS, Philippe y M. Winock, *Un historien du dimanche*, París, Seuil, 1980.

ATSMA, Hartmut y André Burguière (comps.), *Marc Bloch aujourd'hui: Histoire comparée et sciences sociales*, París, Editions de l'Ecole des Hautes Études en Sciences Sociales, 1990.

AYMARD, Maurice, "The 'Annales' and French Historiography", en *The Journal of European Economic History* I, 1972, pp. 491-511.

BLOCH, Marc, *Apologie pour l'histoire ou métier d'historien*, París, Armand Colin, 1949.

BOURDÉ, Guy y Hervé Martin, *Les écoles historiques*, París, Seuil, 1983 [trad. cast.: *Las escuelas históricas*, Madrid, Akal, 1992].

BRAUDEL, Fernand, *Ecrits sur l'histoire*, París, Flammarion, 1969. [trad. cast.: *Escritos sobre la historia*, Madrid, Alianza, 1991].

BURGUIÈRE, André (comp.), *Dictionnaire des sciences historiques*, París, PUF, 1986 [trad. cast.: *Diccionario de ciencias históricas*, Madrid, Akal, 1991].

——, "The Fate of the History of 'Mentalités' in the 'Annales', en *Comparative Studies in Society and History*, núm. 24, 1982, pp. 424-437.

BURKE, Peter, *The French Historical Revolution: The* Annales *School, 1929-1989*, Oxford, Polity, 1989 [trad. cast.: *La revolución historiográfica francesa: La escuela de* Annales *(1929-1989)*, Barcelona, Gedisa, 1994.]

CARBONELL, Charles Olivier y Georges Livet (comps.), *Au Berceau des* Annales*: Le milieu strasbourgeois. L'histoire en France au début du XXe siècle*, actas del coloquio de Estrasburgo, 11-13 de octubre de 1979, Tolosa, Presses de l'Institut d'Études Politiques de Toulose, 1983.

CEDRONIO, M., F. Díaz y C. Russo, *Storiografia francese di ieri e di oggi*, Nápoles, Guida, 1977.

CERTEAU, Michel de, *L'Absent de l'histoire*, Tours, Mame, 1973.

——, *L'Ecriture de l'histoire*, París, Gallimard, 1975 [trad. cast.: *La escritura de la historia*m México, Universidad Iberoamericana, 1985].

CHAUNU, Pierre, *Histoire science sociale: La durée, l'espace et l'homme à l'époque moderne*, París, SEDES, 1973 [trad. cast.: *Historia, ciencia social: duración, espacio y hombre en la época moderna*, Madrid, Encuentro Ediciones, 1986].

——, *Histoire quantitative, histoire sérielle*, en "Cahiers des Annales" 37, París, Armand Colin, 1978.

CHIROT, Daniel, "The Social and Historical Landscape of Marc Bloch", en Theda Skocpol (comp.), *Vision and Met-*

154

hod in *Historical Sociology*, Cambridge, Cambridge University Press, 1984, pp. 22-46.

COMITÉ FRANÇAIS DE SCIENCES HISTORIQUES (comp.), *La recherche historique en France de 1940 à 1965*, París, CNRS, 1965.

COUTEAU-BÉGARIE, Hervé, *Le phénomène "nouvelle histoire": stratégie et idéologie des nouveaux historiens*, París, Economica, 1983.

DI DONATO, Riccardo, *Per una antropologia storica del mondo antico*, Florencia, Nueva Italia, 1990.

DUMOULIN, Olivier, *"Profession historien", 1919-1939: un métier en crise?*, tesis de tercer ciclo, Ecole des Hautes Études en Sciences Sociales, París, 1983, 429 pp.

ERBE, M., *Zur neueren französischen Sozialgeschichtsforschung: Die Gruppe um die "Annales"*, Darmstadt, Wissenschaftliche Buchgesellschaft, 1979.

FEBVRE, Lucien y L. Bataillon, *La terre et l'évolution humaine: Introduction géographique à l'histoire*, París, Renaissance du Livre, 1922.

FINK, Carole, *Marc Bloch: A Life in History*, Cambridge, Cambridge University Press, 1989.

FORSTER, Robert, "Achievements of the 'Annales' School", en *Journal of Economic History*, núm. 38, 1978, pp. 58-76.

FURET, François, *L'Atelier de l'histoire*, París, Flammarion, 1982.

GEMELLI, Giuliana y Maria Malatesta (comps.), *Forme di sociabilità nella storiografia francese contemporanea*, Milán, Feltrinelli, 1982.

GILBERT, Felix, "Three Twentieth Century Historians: Meinecke, Bloch, Chabot", en John Higham, Leonard Krieger y Felix Gilbert (comps.), *History*, Londres, 1965.

GLÉNISSON, Jean, "L'Historiographie française contemporaine: Tendances et réalisations", en *La recherche historique en France de 1940 à 1965*, París, CNRS, 1965, pp. IX-LXIV.

GUREVICH, Aron, "Medieval Culture and Mentality according to the New french Historiography", en *Archives européennes de sociologie*, núm. 24.1, 1983, pp. 167-195.

155

HILL, A. O. y B. H. Hill, "Marc Bloch and Comparative History", en *American Historical Review*, núm. 85, 1980, pp. 828-846.

——, "Histoire des sciences et mentalités", en *Revue de synthèse* III-12, número especial, 1983.

——, *Historiens et sociologues aujourd'hui*, Journées d'études annuelles de la Société française de sociologie, Lille, 14-15 de junio de 1984, París, CNRS, 1986.

KEYLOR, William R., *Academy and Community: The Foundation of the French Historical Profession*, Cambridge, Harvard University Press, 1975.

KINSER, Sam, "Annales Paradigm: The Geo-Historical Structuralism of Fernand Braudel", en *American Historical Review*, núm. 86, 1981, pp. 63-105.

LE GOFF, Jacques, *Intervista sulla storia*, Bari, Laterza, 1982 [trad. cast.: *Entrevista sobre la historia*, Valencia, Institución Alfonso el Magnánimo, 1988].

—— y Pierre Nora (comps.), *Faire de l'histoire*, París, Gallimard, 1974, 3 vols.

——, Roger Chartier y Jacques Revel (comps.), *La Nouvelle histoire*, París, Retz, 1978.

——, *Lendemains, Zeitschrift für Frankreichforschung und Französischstudium* 2, número especial sobre los *Annales*, noviembre de 1981.

MANN, Hans Dieter, *Lucien Febvre: La pensée vivante d'un historien*, París, Armand Colin, 1971 (con prefacio de Fernand Braudel).

MASTROGREGORI, Massimo, *Il genio dello storico: Le considerazioni sulla storia di Marc Bloch e Lucien Febvre e la tradizione metodologicà francese*, Nápoles, Edizioni Scientifiche Italiane, 1987.

MAZON, Brigitte, *Aux Origines de l'Ecole des Hautes Études en Sciences Sociales: Le rôle du mécénat américain (1920-1960)*, París, Cerf, 1988.

——, *Mélanges en l'honneur de Fernand Braudel*, Tolosa, Privat, 1973, 2 vols., con una bibliografía sobre los escritos de Braudel.

NORA, Pierre, *Les Lieux de mémoire*, París, Gallimard, 1986, vol. 2: La Nation.

POMIAN, Krzysztof, "L'Heure des Annales: La terre - les hommes - le monde", en Pierre Nora (comp.), *Les Lieux de mémoire*, vol. 2: *La Nation*, París Gallimard, 1986, pp. 377-429.

REVEL, Jacques, "Les Paradigmes des *Annales*", en *Annales* ESC 6, 1979, pp. 1360-1376.

——, *Review* I.3-4, número especial sobre la escuela de los *Annales*, 1978.

RONCAYOLO, Marcel, *La ville et ses territoires*, París, Gallimard, 1990.

SIMIAND, François, *Méthode historique et sciences sociales* (ed. por Marina Cedronio), París, Archives contemporaines, 1987.

STOIANOVICH, Traian, *French Historical Method: The* Annales *Paradigm*, Ithaca, Cornell University Press, 1976 (con prefacio de Fernand Braudel).

——, *Y a-t-il une nouvelle histoire?*, Colloquium, Loches, 1980.

III. SOBRE ESCUELAS HISTORIOGRÁFICAS EN GENERAL

ARON, Raymond, *Introduction à la philosophie de l'histoire*, París, Gallimard, 1938 (nueva edición crítica a cargo de S. Mesme, París, Gallimard, 1986).

——, *Leçons sur l'histoire*, París, Fallois, 1989.

BURKE, Peter (comp.), *New Perspectives on Historical Writing*, Oxford, Polity, 1991.

CANTIMORI, Delio, *Storici e storia: Metodo, caratteristiche e significato del lavoro storiografico*, Turín, Einaudi, 1971.

FAURE, Pierre, "La Constitution d'une science du politique, le déplacement des objets et l'irruption de l'histoire réelle", en *Revue française de science politique*, núm. 33.2, 1983, pp. 181-219.

HEXTER, J. H., *On Historians: Reappraisals of Some of the Makers of Modern History*, Cambridge, Harvard University Press, 1979.

HOBSBAWN, Eric. J., "From Social History to the History of Society", en F. Gilbert y S. S. Graubard, *Daedalus* 100, número especial: "Historical Studies Today", 1971, pp. 20-45.

IGGERS, Georg G., *New Directions in European Historiography*, Middletown, Wesleyan University Press, 1975.

—— y Harold T. Parker (comps.), *International Handbook of Historical Studies, Contemporary Research and Theory*, Westport, Methuen, 1980.

KUHN, Thomas S., *The Structure of Scientific Revolutions*, 2ª ed., Chicago, University of Chicago Press, 1970 [trad. cast.: *La estructura de las revoluciones científicas*, Buenos Aires, Fondo de Cultura Económica, 2002].

MOMIGLIANO, Arnaldo, "Linee per una valutazione della storiografia nel quindicennio 1961-1976", en *Rivista storica italiana*, núm. 3-4, 1977, pp. 596-609.

——, "Lo Storicismo nel pensiero contemporaneo", en *Rivista storica italiana*, núm. 73, 1961, pp. 104-119.

POMIAN, Krzysztof, *L'Ordre du temps*, París, Gallimard, 1984 [trad. cast.: *El orden del tiempo*, Gijón, Ediciones Júcar, 1990].

RABB, Theodore K. y Robert I. Rotberg (comps.), *The New History: The 1980s and Beyond: Studies in Interdisciplinary History*, Princeton, Princeton University Press, 1982.

REDONDI, Pietro (comp.), "Science: The Renaissance of a History", en *History and Technology*, núm. 4.1-4, número especial: Actas del coloquio internacional Alexandre Koyré, París, 1986, 1987.

ROSSI, Pietro (comp.), *La storia comparata: Approcci e prospettive*, Milán, Saggiatore, 1990.

STONE, Lawrence, *The Past and the Present*, Londres, Routledge y Kegan Paul, 1982.

VEYNE, Paul, *Comment on écrit l'histoire: Essai d'épistémologie*, París, Seuil, 1971 [trad. cast.: *Cómo se escribe la historia. Ensayo de epistemología*, Madrid, Fragua, 1972].

Índice

Se terminó de imprimir en el mes de diciembre de 2002
en los Talleres Gráficos Nuevo Offset
Viel 1444, Capital Federal
Tirada: 2.000 ejemplares